Eduard Huber

Wie interpretiere ich Gedichte?

Bange Verlag

Über den Autor:

Dr. phil Eduard Huber, Studium der Philosophie, Germanistik, Geschichte und Geografie in Rom, Freiburg i. Br., Wien, Bonn und München. Staatsexamen und Promotion zum Dr. phil. an der Ludwig-Maximilians-Universität München. Gymnasiallehrer in Stuttgart, Crailsheim und an der Deutschen Schule Athen. Veröffentlichung von Jugendbüchern, Sachbüchern und wissenschaftlichen Arbeiten.

6. Auflage 2012
ISBN: 978-3-8044-1580-5

Gestaltung: Georg Lehmacher, Friedberg (Bay.)
Satz: DTP-Studio Koch Oberweißbach
Druck und Weiterverarbeitung: Finidr, s. r. o., Český Těšín

Eduard Huber

Wie interpretiere ich Gedichte?

Eine Einführung

Bange Verlag

Inhaltsverzeichnis

1. Allgemeines **7**
1.1 Einleitung 7
1.2 Faustregeln 9
1.3 Fehlinterpretationen 9
1.3.1 Günter Eich: *Abgelegene Gehöfte* 10
1.3.2 Marie Luise Kaschnitz: *Genazzano* 13
1.3.3 Martin Luther: *Ein feste Burg* 15
1.4 Die Schwierigkeit mit dem lyrischen Ich 16
1.4.1 Kürnberger: *Falkenlied* 16
1.4.2 Johannes Bobrowski: *Der Habicht* 18
1.5 Allgemeine Bemerkungen 20

2. Gedichtanalyse / Analyse der Form **21**
2.1 Einleitung 21
2.2 Nomina (Substantive) / Andreas Gryphius: *Threnen des Vatterlandes. Anno 1636* 22
2.3 Adjektive / Georg Heym: *Printemps* 24
2.4 Adverbien und Adverbialien / Peter Huchel: *Schattenchaussee* 26
2.5 Prädikate / Friedrich von Logau: *Heutige Weltkunst* 29
2.6 Satzbau / Friedrich Hölderlin: *Brot und Wein* 31
2.7 Rhythmus 35
2.7.1 Eduard Mörike: *Um Mitternacht* 37
2.7.2 Johann Wolfgang von Goethe: *Ein Gleiches* 38
2.8 Reim 41
2.8.1 Günter Eich: *Latrine* 42
2.8.2 Joseph von Eichendorff: *Auf meines Kindes Tod* 43
2.8.3 Rainer Maria Rilke: *Der Abenteuerer* 45
2.9 Laute / Friedrich Hölderlin: *Hälfte des Lebens* 47
2.10 Sprachspiele 51
2.10.1 Kurt Schwitters: *Banalitäten aus dem Chinesischen* 51
2.10.2 Hans Arp: *Opus Null* 53

3. Gedichtanalyse / Analyse des Inhalts **54**
3.1 Einleitung 54
3.2 Die äußere Welt, optisch wahrgenommen / Conrad Ferdinand Meyer: *Der römische Brunnen* 55
3.3 Die äußere Welt, akustisch wahrgenommen / Clemens Brentano: *Abendständchen* 57

3.4 Die Welt der Arbeit 58
3.4.1 Heinrich Lersch: *Mensch im Eisen* 59
3.4.2 Paul Zech: *Der Hauer* 60
3.4.3 Gerrit Engelke: *Tod im Schacht* 61
3.5 Die Welt als romantische Vorstellung / Joseph von Eichendorff: *Sehnsucht* 62
3.6 Das religiöse Gedicht oder die Ahnung einer anderen Welt 65
3.6.1 Novalis: *Marienlied* 65
3.6.2 Friedrich Hölderlin: *Die Linien des Lebens ...* 66
3.7 Sprachliche Bilder / Karl Krolow: *Liebesgedicht* 67

4. Die eigentliche Interpretation 71
4.1 Einleitung 71
4.1.1 Marie Luise Kaschnitz: *Genazzano* 72
4.2 Der erste Anlauf 74
4.2.1 Rainer Maria Rilke: *Herbst* 74
4.2.2 Marie Luise Kaschnitz: *Rückkehr nach Frankfurt* 76
4.3 Der Aufbau 78
4.3.1 Die Einleitung 78
4.3.2 Die Durchführung 79
4.3.3 Der Schluss 80
4.4 Ein paar Beispiele 81
4.4.1 Joseph von Eichendorff: *Sonette. An A ...* 81
4.4.2 Eduard Mörike: *Denk es, o Seele!* 83
4.4.3 Günter Eich: *Latrine* 85
4.4.4 Karl Krolow: *Ode 1950* 86
4.4.5 Hans Magnus Enzensberger: *Blindlings* 89
4.4.6 Walter Höllerer: *Gaspard* 92
4.5 Grenzen der textimmanenten Interpretation 96

5. Gedichte in fremden Sprachen 98
5.1 Allgemeines 98
5.2 Federico Garcia Lorca: *Lied* 99
5.3 Mao Tse-tung: *Pei-tai-ho 1954, Sommer* 103

6. Nachwort 105

7. Literatur 106
7.1 Autoren 106
7.2 Sammlungen 108
7.3 Weiterführende Literatur 108
7.4 Nachschlagewerke 109

1. Allgemeines
1.1 Einleitung

Interpretieren ist keine Kunst; man muss es nur lernen. Allerdings glauben das die meisten Schüler nicht und wählen deshalb (bei Klassenarbeiten oder im Abitur) Erörterungen, die sich mit ein wenig Allgemeinwissen „freischwafelnd" bewältigen lassen, oder freie Themen, die sich nicht selten als hinterhältig gestellte Fallen erweisen. Das ist schade, denn Interpretationen literarischer Texte, vor allem von Gedichten, bieten nicht nur dem Schüler eine solide Arbeitsgrundlage, sondern auch dem Lehrer eine eindeutige Richtschnur für seine Beurteilung. Damit ist beiden Seiten gedient. Und warum werden dann Gedichte so ungern interpretiert? Vermutlich, weil die meisten Schüler (und vielleicht auch ein paar Lehrer) nie begreifen, was Interpretieren heißt. Dabei ist das im Grunde nicht so schwer.
Der lateinische Begriff „interpretatio" bedeutet zunächst nichts als „Übersetzung"; „interpres" ist der Übersetzer oder Dolmetscher. Und Aufgabe des Übersetzers ist es, einen Text aus einer Sprache in eine andere zu versetzen; die Voraussetzung dafür ist, dass er beide Sprachen beherrscht. Das Gleiche gilt im Wesentlichen für den Interpreten eines Gedichts: Er muss die Aussage des Dichters in eine andere Sprache übersetzen. Bedingung ist, dass er erstens die Sprache des Dichters versteht und zweitens die Sprache beherrscht, in der er selbst schreiben soll, in unserem Fall die hochdeutsche Schriftsprache. Man glaubt gar nicht, wie häufig eine Interpretation gerade an dieser zweiten Bedingung scheitert! (Doch können wir uns mit diesem Problem hier nicht weiter befassen.)
Grundsätzlich ist der Interpret nichts anderes als ein Dolmetscher. Und von einem solchen erwartet man, dass er das, was er in der einen Sprache gehört oder gelesen hat, möglichst genau in der anderen wiedergibt. Er hat eigentlich gar nicht das Recht, etwas Eigenes hinzuzufügen. (Man stelle sich nur einmal vor, was dabei herauskäme, wenn sich zwei Staatschefs zum Gespräch unter vier Augen treffen und der trotzdem nötige Dolmetscher den Ehrgeiz hatte, seine eigenen politischen Ideen in das Gespräch einfließen zu lassen!) Der Dolmetscher muss sich in der Sache neutral verhalten. Das erfordert Selbstdisziplin und Bescheidenheit. Und dasselbe wird vom Interpreten eines Gedichts gefordert: Er hat nicht mit seiner Meinung vorzupreschen, sondern zuerst zur Kenntnis zu nehmen, was gesagt ist, und das möglichst getreu wiederzugeben. Mit anderen Worten: Der Interpret hat *nichts anderes* zu sagen, als was gesagt ist, er sagt es *nur anders,* d. h. mit anderen Worten.
Da wird sich nun mancher fragen, wozu denn Interpretation überhaupt notwendig sei. Antwort: zur Klarstellung. Die Sprache eines anderen (sein Idiolekt oder Soziolekt), vor allem die Sprache einer anderen Zeit ist keineswegs so selbstverständlich, wie man das naiverweise oft glaubt. Ein Gedicht von Walther von der Vogelweide z. B. ist uns Heutigen in seiner Vorstellungs- und Sprachwelt so fremd, dass es viel schwieriger ist, seine Aussage zu verdeutlichen, als etwa bei einem modernen französischen Gedicht, das sich grundsätzlich ins Deutsche übersetzen lässt; wenn freilich auch bei jeder Übersetzung etwas vom originalen Zauber der Sprache des

Dichters verloren geht. Aber die Übersetzung ist nun einmal notwendig für Leser, welche die Sprache des Originals nicht verstehen. Und ebenso notwendig ist die Interpretation, weil die dichterische Sprache, vor allem die der Lyrik, von der Alltagssprache doch so weit entfernt ist, dass spontane Verständlichkeit die Ausnahme bleibt.

Es geht also beim Interpretieren im Grunde um nichts anderes als darum, das herauszuholen, was im Text (oft verborgen) steckt. Und die Frage heißt nicht: „Was hat der Dichter mit diesem Gedicht ausdrücken wollen?" – so durften vielleicht Dorfschulmeister im 19. Jahrhundert fragen –, die Kernfrage heißt schlicht und einfach: „Was hat der Dichter gesagt?" Wenn diese Frage genau beantwortet ist, dann hat man eine Interpretation, wenn nicht, ergibt sich eine beliebige Meinungsäußerung. Aber nach Meinungen ist beim Interpretieren nicht gefragt, allenfalls nach der des Dichters, und die steht im Text. Man muss sie nur methodisch richtig herauslesen oder herauslösen. Und das heißt auch, dass man tunlichst wenig hineinlesen soll.

Aber hineingehen ins Gedicht muss man dennoch: Man muss es Wort für Wort, Satz für Satz, Vers für Vers und Strophe für Strophe ernst nehmen; man muss sich mit ihm wie mit einem Gesprächspartner auseinander setzen, man muss darauf eingehen oder (wie Goethe verlangt) ins Gedicht eintreten:

Gedichte sind gemalte Fensterscheiben!
Sieht man vom Markt in die Kirche hinein,
Da ist alles dunkel und düster;
Und so sieht's auch der Herr Philister:
Der mag denn wohl verdrießlich sein
Und lebenslang verdrießlich bleiben.

Kommt aber nur einmal herein!
Begrüßt die heilige Kapelle;
Da ist's auf einmal farbig helle,
Geschicht' und Zierrat glänzt in Schnelle,
Bedeutend wirkt ein edler Schein;
Dies wird euch Kindern Gottes taugen,
Erbaut euch und ergetzt die Augen!

Dieser Aufforderung eines unserer größten Lyriker wäre nur eines hinzuzufügen: Goethe verschweigt, dass die Pforte zu der „heiligen Kapelle" des Öfteren verschlossen ist. Man muss erst den Schlüssel finden, um die Tür zu öffnen; und das erfordert Geduld und Findigkeit und manchmal sogar detektivischen Spürsinn. Am sichersten aber führt methodisches Vorgehen zum Erfolg, und die geeigneten Methoden kann man lernen.

Fazit:

Gedichtinterpretation setzt Selbstdisziplin voraus, Bescheidenheit, Zurückhaltung (damit nicht gleich der Interpret in den Vordergrund tritt), andererseits Offenheit, Aufnahmefähigkeit, Sensibilität (damit das Gedicht überhaupt wirken kann), schließlich so etwas wie Handwerkszeug, d. h. Methoden, mit deren Hilfe der Text analysiert und erschlossen werden kann. Diese Methoden, diese verschiedenen Möglichkeiten, ein Gedicht anzupacken und vielleicht sogar in den Griff zu bekommen, sollen im Folgenden vorgestellt und gelehrt werden.

Da bleibt allenfalls noch die Frage zu beantworten, warum man sich einer solchen Mühe unterziehen sollte. Die Antwort liegt eigentlich nahe: Damit man lernt, andere Menschen zu verstehen! Ein Gedicht ist ja die Äußerung eines mir zunächst fremden Menschen, dessen Gefühls- und Gedankenwelt mir vielleicht schwer verständlich erscheint. Je genauer ich auf ihn höre, je offener ich für ihn bin, je ernsthafter ich mich mit ihm auseinander setze, desto größer ist die Möglichkeit des Verständnisses für ihn. In diesem Sinne ist Gedichtinterpretation eine Vorschule der Verständigung zwischen Menschen. Und in einer Zeit, in der so viel von Kommunikation die Rede ist und doch so selten wirklich eine Verständigung stattfindet, scheint dieser Aspekt der Interpretation nicht der unwichtigste zu sein.

1.2 Faustregeln

1. Die erste Frage lautet nicht: „Was hat der Dichter gemeint?" und schon gar nicht: „Was meine ich zu dem Gedicht?" Die Frage heißt: „Was hat der Dichter gesagt?", d. h. was steht wirklich im Text?
2. Interpretatio (lat.) heißt Übersetzung! Also ist der Text aus der Sprache des Dichters in die eigene zu übersetzen. Das ist die Aufgabe. Je genauer die Übersetzung und je besser die eigene Sprache, desto besser die Interpretation.
3. Zwei Gegenstände sind bei der Analyse zu trennen und bei der Interpretation (der Synthese) als Einheit zu behandeln: Inhalt und Form oder: Gehalt und Gestalt. Erst beides zusammen macht ein Gedicht aus. Der Inhalt allein ist nur Stoff und könnte auch in einer anderen Form verarbeitet werden.
4. Eine Gedichtinterpretation, die nur den Inhalt berücksichtigt, ist eine halbe Sache. Sie ist zwar irgendeine Interpretation, aber keine Gedichtinterpretation.

1.3 Fehlinterpretationen

Wenn zwanzig Schüler ein und dasselbe Gedicht interpretieren, kommen zwanzig verschiedene Ergebnisse heraus. Das ist normal. Umgekehrt: Wenn zwei oder mehr Schüler genau dieselbe Interpretation liefern, kann der Lehrer daraus schließen, dass sie sich in irgendeiner Weise abgesprochen haben. Es gibt nämlich immer verschiedene mögliche Interpretationen, was aber nicht heißen soll, es gäbe nicht auch unmögliche!

Eine Interpretation kann sich sehr eng an die Vorlage halten oder ziemlich frei damit verfahren. Im ersten Fall besteht die Gefahr der bloßen Nacherzählung, was u. U. zum Verzicht auf jede echte Interpretation führen kann; im zweiten Fall hat das Ergebnis häufig nicht mehr viel mit dem Gedicht zu tun, sondern stellt nur noch eine Phantasie über ein Thema dar. Beide Extremfälle führen also leicht in die Irre. Man sollte also auch hier (wie öfter im Leben) versuchen, einen Mittelweg zu finden.

Insgesamt ergibt sich aus solchen Überlegungen etwa folgendes Schema:

Keine Interpretation // mögliche Interpretationen // unmögliche Interpretation

Bloße Inhaltsangabe oder Nacherzählung // textnah / angemessen / frei // vom Text angeregte Phantasiegebilde oder Erörterungen

Meist ist es einem Schüler gar nicht bewusst, wo er die Grenze von einer möglichen zu einer unmöglichen Interpretation überschreitet. Er lässt sich von irgendeinem spontanen Einfall, der ihm bei der Betrachtung des Textes gekommen ist, so faszinieren, dass er in Kürze gar nicht mehr bemerkt, wie weit er sich inzwischen vom Text entfernt und im Dickicht bloßer Vermutungen verirrt hat. – Darum soll zunächst an ein paar Beispielen gezeigt werden, wie solche Fehldeutungen aussehen, damit man auch sieht, wie man es *nicht* machen soll. (Die positiven Beispiele werden dann in den folgenden Kapiteln nachgeliefert.)

1.3.1 Günter Eich:
Abgelegene Gehöfte

Man nehme ein einfaches, auf den ersten Blick unverfängliches Gedicht, z. B. *Abgelegene Gehöfte* von Günter Eich, und lege es einer Klasse zur Interpretation vor. Man wird sich wundern, was dabei herauskommt. – Hier zunächst der Text:

Die Hühner und Enten treten
den Hof zu grünlichem Schmutz.
Die Bauern im Hause beten.
Von den Mauern bröckelt der Putz.

Der Talgrund zeichnet Mäander
In seine Wiesen hinein.
Die Weide birgt Alexander,
Cäsarn der Brennnesselstein.

Auch wo die Spinnen weben,
der Spitz die Bettler verbellt,
im Rübenland blieben am Leben
die großen Namen der Welt.

Die Ratten pfeifen im Keller,
ein Vers schwebt im Schmetterlingslicht,
die Säfte der Welt treiben schneller,
Rauch steigt wie ein feurig Gedicht.

Das Ergebnis sieht dann etwa folgendermaßen aus:
„Dieses Gedicht von Günter Eich scheint auf den ersten Blick ein paar Bauernhöfe zu beschreiben, wie schon der Titel *Abgelegene Gehöfte* nahe legt. Auch Stichworte wie *Hühner und Enten, die Bauern* oder *Rübenland* deuten scheinbar darauf hin. Aber wenn man genauer hinsieht, bemerkt man, dass es in Wirklichkeit vom Krieg handelt. Beweis: Es werden Cäsar und Alexander genannt, und die symbolisieren ja wohl den Krieg.
Wenn man einmal darauf aufmerksam geworden ist, sieht man auch, dass die übrigen Bilder, die Eich verwendet, hinter ihrer vordergründigen Bedeutung eine zweite verbergen, die den eigentlichen Sinn des Textes ausmacht.
Diese angeblichen *Hühner und Enten*, die da den Hof zusammentreten, d. h. ruinieren, das sind ohne Zweifel feindliche Truppen. Deswegen beten ja die Bauern auch, weil sie Angst vor den Soldaten haben. *Die Mäander* in den Wiesen, das sind entweder die heranmarschierenden Kolonnen oder vielleicht die Panzer, die ihre tiefen Spuren in den Wiesen hinterlassen. *Die Spinnen* symbolisieren wahrscheinlich das tödliche Netz des Krieges, aus dem sich weder die Soldaten noch die Bauern befreien können. Das Bellen des Spitzes ist wohl nichts anderes als der Lärm berstender Granaten.
Wenn der Krieg sein Zerstörungswerk getan hat, was bleibt da noch übrig? Die Ratten natürlich, die im Keller überlebt haben und selbst nach dem Tod der Bauern dort ein lustiges Leben führen. (*Die Ratten pfeifen im Keller*, heißt es.) Aber im Sommer fliegen auch wieder ein paar Schmetterlinge in den verwahrlosten Gärten des ausgestorbenen Dorfes. Und ein Dichter, wahrscheinlich Eich selber, der die Katastrophe überlebt hat, schreibt schließlich *ein feurig Gedicht*.
Wenn man sich nun fragt, ob dieser Text ein Kriegsgedicht oder ein Antikriegsgedicht ist, d. h. ob er den Krieg verherrlicht oder ablehnt, wird man wohl sagen dürfen, dass eher das Zweite zutrifft. Denn das Gedicht zeigt doch vorwiegend die negativen Seiten des Krieges: den Schmutz, die abgebröckelten Mauern, die Spinnweben in den Ruinen. Und darüber kann auch das *Schmetterlingslicht* des Sommers nicht hinwegtäuschen. Keine Frage: Eich ist ein Kriegsgegner und will auch uns vor den Folgen eines neuen Krieges warnen."

Wenn ein Schüler so etwas geschrieben hat, ist er gewöhnlich stolz auf das Ergebnis seines detektivischen Scharfsinns und seiner lebendigen Phantasie und deshalb bitter enttäuscht, wenn seine Leistung von einem unerbittlichen Rezensenten mit einer schlechten Note quittiert wird. Darum entspinnt sich eine hitzige Diskussion, in der es dem Schüler zweifellos nicht nur um seine Note, sondern wohl mehr um sein Recht geht, einen Text anders zu sehen und zu interpretieren als der Lehrer. Dieser ist also gezwungen, mit möglichst überzeugenden Argumenten zu beweisen, dass die Meinung des Schülers falsch oder zumindest objektiv, d. h. anhand des Textes, nicht belegbar ist – eine pädagogisch günstige Situation, die deshalb an den Anfang dieses Kurses gestellt sei.

Der Schüler ist bei seiner Interpretation ganz offensichtlich von den Stichworten *Alexander* und *Cäsar* ausgegangen. Diese Herren sind aber im Gedicht gar nicht mehr wirklich da, sondern lediglich *die großen Namen blieben am Leben* (wie Str. 3 bestätigt). Zum lebenden Inventar des Gedichts, wenn man so sagen darf, gehören die Bauern, die Bettler, die Hühner und Enten, der Spitz und die Ratten. Wer von diesen könnte Cäsar heißen? Wahrscheinlich doch der Hund. („Cäsar" war lange Zeit einer der beliebtesten Hundenamen; auch „Alexander", abgekürzt „Alex", wurde gern für Hunde verwendet oder missbraucht.) Wenn nun Alexander und Cäsar Hofhunde sind, dann erklärt sich auch leicht das Ende der zweiten Strophe:

„Die Weide birgt Alexander,
Cäsarn der Brennnesselstein."

Der eine Hund ist unter einer Weide (oder auf der Viehweide), der andere unter einem Stein begraben, um den Brennnesseln wuchern. Dass hier mit *Cäsar* und *Alexander* Hunde gemeint sein müssen, ergibt sich zudem daraus, dass auch die Bauern abgelegener Gehöfte auf dem Dorffriedhof begraben werden, Hühner und Enten dagegen ihr unrühmliches Ende in der Bratpfanne finden. Wer also sollte da unter dem *Brennnesselstein* schon liegen, wenn nicht der von den Kindern oder auch vom Bauern selbst ehrenvoll bestattete Hofhund? Im Übrigen wird ja im Kontext (Str. 3) ein Spitz als Hofhund genannt.

Wenn man aber einmal klargestellt hat, dass *die großen Namen* der historischen Helden hier an den Hunden hängen geblieben (also gewissermaßen auf den Hund gekommen) sind, dann fällt die ganze übrige Konstruktion von einem Antikriegsgedicht in sich zusammen. Dass die Mäander des Bachs im Talgrund eine Panzerkolonne darstellen sollen, erscheint dann völlig unverständlich, ja geradezu lächerlich. Und für Soldaten an der Front könnte man sich wohl auch bessere Symboltiere denken als Hühner und Enten. Kurz und gut: Die vorher wiedergegebene Interpretation ist nicht zu retten.

So unwahrscheinlich es übereifrigen Detektiven und romantischen Schatzsuchern auch erscheinen mag, schreibt Günter Eich tatsächlich (und nicht nur zum Schein) von abgelegenen Bauernhöfen. Der Schmutz des noch nicht asphaltierten Hofgeländes ist grünlich vom Kot des genannten Geflügels. Der von den Mauern bröckelnde Putz verrät Verfall, nicht Krieg. Vielleicht sollten die Bauern nicht so viel beten, sondern mehr arbeiten, vielleicht aber handeln sie nach dem Sprichwort *Not lehrt beten* und können durch eigene Anstrengung gar nicht aus ihrer elenden Lage herauskommen. (Die EU und ihre Subventionen gibt es anscheinend noch nicht.) Aber die Armut ist selten so groß, dass es nicht noch Ärmere gäbe: hier die Bettler. Und doch bewahrt die verfallenste Kate *im Schmetterlingslicht* eines Frühlingstags, wenn *die Säfte* schneller in die Bäume steigen, einen Hauch von Schönheit, einen Rest jener Substanz, aus der Gedichte entstehen. (Das letzte Wort des Textes lautet unmissverständlich *Gedicht*!)

Eichs *Abgelegene Gehöfte* ist also doch im weiteren Sinn ein Naturgedicht, entfernt verwandt mit dem berühmten *Es ist so still. Die Heide liegt* ... von Storm. Aber die Stimmung beider Gedichte ist völlig verschieden: bei Storm friedlich, still, romantisch, bei Eich trostlos, düster (wenn auch am Ende etwas aufgehellt), realistisch. Der Zeitabstand ist zu groß, als dass der Gegenstand noch einmal in gleicher Weise ins Gedicht gehoben werden könnte. Aber er bleibt ein klassischer und zeitloser Gegenstand der Lyrik wie der Malerei: das einsame Gehöft.

Das Beispiel zeigt, wie leicht ein unerfahrener Interpret, durch ein, zwei Stichworte im Text verführt, auf eine falsche Fährte gerät und von da nicht mehr auf den rechten Weg zurückfindet. Häufig liegt aber die Ursache des Irrwegs nicht im Gedicht selbst, sondern in einem Vorurteil, das der Interpret in ein Gedicht hineinträgt. Viele, auch junge Leute leiden ja an der Krankheit eines sog. Weltbildes, genauer gesagt irgendeiner Ideologie oder fixen Idee, die sie dann auf jeden beliebigen Gegenstand projizieren. Hier gilt also – salopp gesagt – auch der Grundsatz: Vorsicht ist die Mutter der Porzellankiste. **Gedichte sind feste und doch sehr zerbrechliche Gebilde. Man sollte nicht allzu grob mit ihnen umgehen.**

1.3.2 Marie Luise Kaschnitz: *Genazzano*

Genazzano am Abend
Winterlich
Gläsernes Klappern
Der Eselshufe
Steilauf die Bergstadt.
Hier stand ich am Brunnen
Hier wusch ich mein Brauthemd
Hier wusch ich mein Totenhemd.
Mein Gesicht lag weiß
Im schwarzen Wasser
Im wehenden Laub der Platanen.
Meine Hände waren
Zwei Klumpen Eis
Fünf Zapfen an jeder
Die klirrten.

Legt man einer Klasse dieses Gedicht zur Interpretation vor, kann man ziemlich sicher sein, dass dabei Aufsätze herauskommen, die ungefähr so aussehen:
„Marie Luise Kaschnitz hat ein Gedicht über eine italienische Stadt namens Genazzano geschrieben, in der sie vielleicht einige Zeit gelebt hat; denn sie beschreibt die Stadt im Winter, wo dort gewöhnlich keine Touristen sind.
Die Stadt liegt an oder auf einem Berg (*Bergstadt*), die Straßen sind wahrscheinlich gepflastert, sodass die Eselshufe *gläsern* klappern, und irgendwo gibt es einen Brunnen, wo die Frauen ihre Wäsche waschen – oder gewaschen haben. Die eine Frau, von der M. L. Kaschnitz schreibt, ist jedenfalls tot: Ihr Gesicht liegt im Wasser, ihre Hände sind bereits zu Eisklumpen gefroren. Vielleicht trägt sie sogar das *Totenhemd*, von dem im Text die Rede ist. Sie ist wohl absichtlich ins Wasser gegangen, hat sich also ertränkt.
M. L. Kaschnitz versetzt sich in die Rolle dieser Frau; denn von dem 6. Vers an sagt sie *ich: „Hier stand ich…", „Hier wusch ich…", „Mein Gesicht…"*. Trotzdem erfährt man merkwürdigerweise nicht, warum sich diese Frau das Leben genommen hat. Aber man kann es sich trotzdem gut vorstellen: Sie hat in diesem kleinen, muffigen Städtchen leben müssen, sie hat einen Mann geheiratet (*Brauthemd*), den sie vielleicht gar nicht geliebt hat. Oder er hat sie betrogen. Sie hat jedenfalls viel Arbeit gehabt, die Wäsche am Brunnen waschen müssen, auch im Winter, und als ihr das alles zu viel wurde, ist sie eben schließlich ins Wasser gegangen. Was hätte sie auch sonst tun sollen?
M. L. Kaschnitz hat sich sehr gut in die trostlose Situation einer solchen Frau hineinversetzt, die sich wahrscheinlich zur selben Zeit umgebracht hat, wo die Dichterin in Genazzano war. Auf diese Weise hat sie ihr mit diesem Gedicht sozusagen ein Denkmal gesetzt."

Ähnlich wie bei der Interpretation von Eichs *Abgelegenen Gehöften* geraten hier die Schüler an einer ganz bestimmten Stelle aufs falsche Gleis. Da wird gewissermaßen eine Weiche falsch gestellt, und dann passiert eben das Unglück. Diese Stelle liegt hier exakt beim Stichwort „Totenhemd". Glaubt jemand von diesem Punkt an, der Text handle von einer Toten, wird dann fast zwangsläufig das weiße Gesicht im Wasser als das einer Wasserleiche gesehen und nicht – woran man doch auch denken müsste! – als Spiegelbild.
Vor allem sollte einen etwas stutzig machen: Die ganze Passage von *„Hier stand ich am Brunnen…"* bis zum Schluss wäre der Monolog einer Toten. Die Vorstellung, dass die Dichterin in der Rolle einer Toten spräche, ist nun aber doch ein bisschen seltsam. Tote sind im Allgemeinen schweigsam und plaudern nicht über ihr verflossenes Leben. Es gäbe allenfalls noch die Ausflucht zu sagen, die Dichterin stelle sich lediglich vor, was die Tote gedacht hätte, wenn sie noch lebte. Aber das ist eine allzu gewundene Erklärung, die wenig überzeugt. Man entkommt solchen Schwierigkeiten nur, wenn man sich entschließt, einen völlig anderen Deutungsansatz zu wählen.
Man stelle sich keine Tote, sondern eine Lebende vor, eine alte Frau vielleicht, der beim Blick auf den Dorfbrunnen ein Aspekt ihres Lebens wieder in Erinnerung kommt: die unzähligen Male, wo sie an diesem Brunnen, oft mit klammen Fingern, die Wäsche gewaschen hat. Wenn sie sich vorbeugte, konnte sie im Wasser (worin im

Herbst und Winter Platanenblätter schwammen) ihr Gesicht erkennen und vielleicht am Brunnenrand ihre Hände, die sich wie Eis anfühlten. – Das alles liegt doch viel näher als die makabre Geschichte einer Frau, die ins Wasser gegangen ist.
„Und was ist mit dem Totenhemd?", pflegen die Schüler nach einer solchen Erklärung zu fragen. Antwort: Das gehörte in früheren Zeiten genauso zur Aussteuer einer Frau wie das Brauthemd. Und beide Kleidungsstücke mussten auch irgendwann gewaschen werden, selbst wenn sie nicht getragen wurden. Wenn etwas jahre- und jahrzehntelang nur im Schrank herumliegt, ist es nicht mehr frisch. – Man darf sich also von der Erwähnung des Totenhemds nicht gleich ins Bockshorn jagen lassen und wilde Geschichten erfinden, die im Gedicht nicht erwähnt sind.

Anmerkung:

Eine Interpretation dieses sensiblen und eindrucksvollen kleinen Gedichts folgt im Kapitel „Interpretation".

1.3.3 Martin Luther: *Ein feste Burg*

Wahrscheinlich kennt jeder Protestant in Deutschland Luthers berühmtes Lied *Ein feste Burg ist unser Gott*; ob es auch jeder versteht, ist eine andere Frage. Gibt man Schülern aus gegebenem Anlass (z. B. im Rahmen der Unterrichtseinheit Reformation) diesen Text zur Interpretation, bekommt man meist recht zweifelhafte Ergebnisse. Vor allem die dritte Strophe wird selten richtig verstanden. Sie lautet (in moderner Schreibweise):

Und wenn die Welt voll Teufel wär
Und wollt uns gar verschlingen,
So fürchten wir uns nicht so sehr,
Es soll uns doch gelingen.
Der Fürst dieser Welt,
Wie saur er sich stellt,
Tut uns doch nicht;
Das macht, er ist gericht,
Ein Wörtlein kann ihn fällen.

Dazu schreiben dann die Schüler ungefähr Folgendes: „Luther stellt sich vor, dass die Welt voller Teufel wäre, die uns verschlingen wollen. Aber er meint, dass wir uns trotzdem nicht fürchten müssten; denn Christus, *der Fürst dieser Welt*, macht zwar eine grimmige Miene, tut uns aber trotzdem nichts. Er ist ja für uns hingerichtet worden, nämlich am Kreuz gestorben. Gottes Wort hat ihn gefällt, d. h. für uns geopfert. Deshalb dürfen wir zuversichtlich sein."

Während der Anfang dieses Deutungsversuchs noch hingehen mag, führt der Rest (ab Vers 5) völlig in die Irre und hat mit der Meinung Luthers eigentlich nichts mehr zu tun. Der Grund dafür ist die Vorstellung, „der Fürst dieser Welt" sei Christus. Aber das ist nachweislich falsch. Christus erklärt nicht nur Pilatus, dass sein Reich „nicht von dieser Welt" sei (Joh. 18, 36), sondern bezeichnet auch den Satan ausdrücklich als den Fürsten dieser Welt (Joh. 12, 31). Luther zitiert lediglich, was ihm und wohl auch seinen Zeitgenossen noch geläufig war. Heutige Schüler dagegen, die weder zuhause noch durch den Religionsunterricht näheren Kontakt zum Evangelium bekommen, kennen diesen Zusammenhang nicht mehr und sind daher auf bloße Vermutungen angewiesen. Sie denken sich einfach etwas aus und biegen sich dann den Text nach ihren Vorstellungen zurecht. Dabei wird die Interpretation natürlich viel schwieriger; denn wenn man das, was vom Satan gesagt ist, auf Christus bezieht, muss man sich schon gewaltig anstrengen, um dem Ganzen noch einen Sinn abzuringen.
Dieses Beispiel lehrt, dass eine rein textimmanente Interpretation dort an ihre Grenzen stößt, wo der historische oder kulturelle Kontext nicht mehr bekannt ist. Für die Zeitgenossen Luthers, die i. Allg. ziemlich bibelfest waren, gab es kaum Zweifel, wer mit dem „Fürsten dieser Welt" gemeint war; Luther brauchte es daher auch nicht zu erklären. Für den modernen, dem Christentum weitgehend entfremdeten Menschen ist jener Ausdruck hingegen missverständlich. Und so scheitert die Interpretation an diesem Punkt fast zwangsläufig.

Merke:
Nicht jedes Gedicht lässt sich einfach aus sich selbst verstehen, d. h. textimmanent interpretieren. Je ferner dem Interpreten die Welt ist, aus der es stammt, desto mehr Zusatzinformationen sind nötig, um eine solide Interpretationsgrundlage zu schaffen. Nicht selten würde schon das weiterhelfen, was man einmal Allgemeinbildung genannt hat, nur ist es damit nicht mehr allzu weit her. (Dies ist kein Vorwurf an die Schüler, sondern an die Schulpolitik!)

1.4 Die Schwierigkeit mit dem lyrischen Ich

1.4.1 Kürnberger: *Falkenlied*

Eines der berühmtesten Gedichte des frühen Minnesangs ist das *Falkenlied* des Kürnbergers:

Ich zôch mir einen valken mêre danne ein jâr.
Dô ich in gezamete als ich in wolte hân
und ich im sîn gevidere mit golde wol bewant,
er huop sich ûf vil hôhe und floug in anderiu lant.

Sît sach ich den valken schône fliegen:
er fuorte an sînem fuoze sîdîne riemen,
und was im sîn gevidere alrôt guldîn.
Got sende si zesamene die gerne geliep wellen sîn!

Manche Schüler interpretieren das nun so:
„Als die vornehmste Art der Jagd galt im Mittelalter die Falkenbeize. Das kann man auch daran sehen, dass der große Stauferkaiser Friedrich II. ein Buch über die Falkenjagd geschrieben hat. So ist es nicht verwunderlich, dass auch der Kürnberger ein Falkenlied gedichtet hat.
Er erzählt darin von einem Ritter, der sich einen Falken großgezogen und zur Jagd abgerichtet hat. Der Ritter hat sich sogar besondere Mühe gegeben und seinen edlen Vogel mit Gold geschmückt. Aber wie er ihn nun zur Jagd freilässt, fliegt ihm dieser offenbar davon. So kann er am Schluss nur darum beten, dass Gott ihm seinen geliebten Vogel irgendwann wieder zurücksendet..." usw.
Meist ist der Schreiber eines solchen Aufsatzes sehr verwundert, wenn man ihm hinterher klar zu machen versucht, dass sein Versuch gescheitert ist. Die Richtung dieser Interpretation ist von vornherein falsch, sodass sie auch gar nicht zum Ziel führen kann.
Andere Schüler bemerken wenigstens, dass es sich bei Kürnbergers Text um ein Liebeslied handeln muss, weil sonst der Schlussvers nicht verständlich ist. Aber sie gehen ohne Bedenken davon aus, dass der Sprecher des Gedichts der Kürnberger sei, sodass dann der Falke zwangsläufig die Geliebte symbolisiert. – Auch das ist falsch, denn die Vorstellung passt überhaupt nicht in die mittelalterliche Welt. Frei wie ein Falke war da allenfalls der fahrende Ritter, niemals eine Frau, die bekanntlich aus der „munt" (d. h. Vormundschaft) des Vaters mit der Hochzeit nahtlos in die ihres Gatten überging. Da gab es keine Phase der Freiheit.
Der Fehler beider Interpretationsversuche liegt aber weniger in falschen historischen Vorstellungen als vielmehr in der Fehleinschätzung dessen, was man „lyrisches Ich" nennt. Dieses und das private Ich des Dichters sind selten identisch; denn entweder macht sich der Dichter eine bestimmte Vorstellung von dem, was er sein könnte oder möchte, also eine Art Projektion seiner selbst, oder er identifiziert sich bewusst mit einer anderen Person, d. h. er schlüpft in eine Rolle, die mit ihm persönlich u. U. überhaupt keine Ähnlichkeit hat.
Beim Kürnberger (wie so oft in der mittelalterlichen Lyrik) ist das Zweite der Fall: Das Falkenlied ist ein typisches Rollenlied, worin sich der Dichter in die Rolle einer Frau versetzt. Das lyrische Ich des Gedichts repräsentiert demnach eine Frau, die sich einen Verehrer herangezogen hat, der jedoch offenbar nicht bei ihr geblieben ist. In der poetischen Sprache der Minnelyrik erscheint nun der Ritter als Falke, und das ist ein durchaus zutreffendes Bild; denn ein Minneverhältnis zwischen einem jungen Ritter und einer Dame hatte ja erzieherische Funktion: Wie ein Falke zur Jagd abgerichtet wurde, so wurde ein Ritter durch den Einfluss seiner Dame zu einem höfi-

schen Menschen erzogen, der eben nicht nur mit dem Schwert umgehen, sondern sich auch bei Hofe richtig benehmen konnte. Kurzum: Es ist ganz unzweifelhaft, dass der Falke im Gedicht den Ritter darstellt, und der Umkehrschluss zwingt zu der Folgerung, dass sich das lyrische Ich in diesem Fall in eine Frau verwandelt, auch wenn der Dichter selbst ohne Frage ein Mann gewesen ist.
Das lyrische Ich stellt somit für den Dichter eine Möglichkeit dar, eine fremde Wirklichkeit als seine eigene zu fingieren. Es macht ihn dadurch freier und beflügelt seine Phantasie, die Grenzen des beschränkten eigenen Ichs zu überschreiten und andere Identitäten als seine private anzunehmen.
Man hüte sich also, wenn ein Dichter „ich" sagt, blindlings vorauszusetzen, er meinte wirklich sich selbst! Er kann ein phantastisches eigenes oder ein völlig fremdes Ich meinen: einen Herrscher oder einen Sklaven, einen Menschen oder einen Gott, ja sogar einen Hund, eine Tanne, einen Stein am Wegrand. „Ich" ist alles, worein sich ein Dichter versetzen, was seine Phantasie als sein Eigenes erfassen kann. In kaum etwas anderem manifestiert sich die sprichwörtliche dichterische Freiheit so deutlich wie in den tausend Formen des lyrischen Ichs.

1.4.2 Johannes Bobrowski: *Der Habicht*

Ein anderes schönes Beispiel für die Verwandlungskunst des lyrischen Ichs bietet ein modernes Gedicht, *Der Habicht* von Johannes Bobrowski:

„Schwinge,
Vogelschwinge,
Bogen im Rauch, Licht –
Stürz aus dem Schlaf,
Pfeil, über den Strom
weh, ein Regenstrich flieg
im Ufergeleucht."

Wasserdunst, weiß,
der das Gefieder
dunkelt. Wind,
der mich rau macht. Stürme
die Ebenen hin. Mürb vom Kraut,
Abend, Wassergesträuch.

„Unter dem Zug der Lüfte
draußen traumlos fährt er
starren Auges, der Töter,
fährt mit dem Wind."

Ach, emporgetragen
Über den Baum
Dämmerung, hoch im Licht,
die rauschende Stille – noch immer
Licht, Meer, Wogengesang, die Segel
Über dem Grund, auf der Algen
Schatten, ich fahr durch das Licht –
Fahr mit dem Sturm,
höher, er jagt mit der Geißel,
Nachtsturm, das Schneidmesser
Glück in den Zähnen.

Als Erstes fällt hier auf, dass in den vier unterschiedlich langen Strophen alle drei verschiedenen Personalformen (oder Sprechrichtungen) verwendet werden:
- Die 1. Person in Strophe 2 und 4,
- die 2. Person (in Form von Imperativen) in Strophe 1,
- die 3. Person in Strophe 3.

Es ist also zu fragen, wer hier wen anspricht bzw. wer über wen spricht. Wer sagt z. B. *„Ich fahr durch das Licht"*? Von wem wird behauptet: *„(...) traumlos fährt er starren Auges, der Töter"*?
Den wertvollsten Hinweis zur Beantwortung solcher Fragen gibt in diesem Fall der Titel *Der Habicht*. Wenn man weiß, dass das Gedicht diesen Raubvogel (neuerdings „Greifvogel") zum Gegenstand hat, erkennt man leicht, dass sich das Pronomen *mich* (in 2, 4) und das *ich* (in 4, 7) auf den Habicht beziehen muss; denn der Dichter besitzt kein Gefieder, das der Wind rau macht, noch fährt er mit dem Sturm durch das Licht. Aber der Dichter ist jener, der den Vogel anspricht, der ihn auffordert: *stürz, weh, flieg*! Er ist es auch, der ihn als *Töter* charakterisiert.
Wir haben also gewissermaßen ein verdoppeltes lyrisches Ich vor uns: Da ist einerseits jene Person, die den Habicht vor Augen hat, die ihn nicht nur beobachtet, sondern sich mit ihm auseinander setzt und Zwiesprache mit ihm zu halten versucht. Indem sie ihm jedoch ein eigenes Ich zugesteht, erscheint andererseits der Habicht als redende Person, als zweites lyrisches Ich, soweit unabhängig, dass er in der 1. Person sprechen kann. Aber der Habicht lässt sich nicht wirklich auf eine Zwiesprache ein; er bewahrt die ganze faszinierende Souveränität des Raubtiers: Am Schluss entzieht er sich völlig dem Zugriff, ja selbst der Beobachtung: steigt *höher*, jagt mit dem *Nachtsturm* davon, behält sein *Glück* für sich.
Dass es sich um zwei Sprecherrollen handelt, wird vom Dichter dadurch angedeutet, dass er die Strophen 1 und 3 in Anführungszeichen setzt. Merkwürdig ist allerdings, dass es gerade nicht jene Strophen sind, in welchen die 1. Person in Erscheinung tritt, nämlich die 2. und 4. Man darf es wohl als Hinweis darauf werten, dass man die Ich-Aussagen nicht zu einfach als wörtliche Rede des Habichts deuten soll; denn der hier durch den Vogel spricht, ist ja trotz allem der Dichter.

Damit ist das Gedicht wohlgemerkt noch nicht interpretiert. Aber dieser Ansatz ist notwendig, um nicht von vornherein in die Irre zu gehen. Man muss – ähnlich wie beim *Falkenlied* des Kürnbergers – die Sprecherrollen richtig einschätzen; man muss erkennen, wer was sagt, um die Aussagen richtig einordnen zu können.
Noch etwas anderes sollte, falls man die beiden Gedichte miteinander vergleicht, nicht übersehen werden: In dem mittelalterlichen Lied ist der Falke nur ein Bild für den geliebten Mann. Hier ist in Wahrheit gar nicht von einem Falken, sondern von einem Ritter die Rede. In Bobrowskis Gedicht hingegen ist genau und unmittelbar dieser Vogel gemeint, der wissenschaftlich „Accipiter gentilis" heißt; er repräsentiert nichts anderes als sich selbst. Insofern ist es auch gerechtfertigt, dass er in der 1. Person selbst zu Wort kommt.

1.5 Allgemeine Bemerkungen

1. Bevor man sich – z. B. in einer Klassenarbeit – entschließt, ob man ein Gedicht interpretiert, muss man es mehr als einmal gelesen haben. Es genügt nicht, es nur zu überfliegen; denn bei einem guten Gedicht ist jedes Wort wichtig.
2. Man muss sich hüten, voreilige Schlüsse zu ziehen. Einzelne Worte oder Aussagen des Gedichts dürfen nicht isoliert werden. Ihr Sinn ist nur aus dem Kontext zu erschließen.
3. Ob einem ein Gedicht gefällt oder nicht, ist vorläufig gleichgültig. Ein ästhetisches Urteil lässt sich allenfalls am Ende einer sorgfältigen Interpretation fällen, niemals am Anfang.
4. Man sollte sich hüten, etwas in den Text hineinzulesen, was nicht drinsteht. Aber man darf freilich „zwischen den Zeilen lesen", d. h. etwas zur Sprache bringen, was nicht expressis verbis gesagt, d. h. ausdrücklich formuliert ist.
5. Eine bloße Nacherzählung des Inhalts ist noch lange keine Interpretation. Auf diese Weise wird nur in (oft schlechter) Prosa wiederholt, was in der lyrischen Sprache des Gedichts viel besser zum Ausdruck gebracht ist.
6. Eine Vermutung über den Sinn einer Aussage muss am Text überprüft werden. Lässt sie sich nicht verifizieren, kann sie allenfalls als Vermutung geäußert, jedoch nicht als Ergebnis präsentiert werden.
7. Grundsätzlich sollte eine Gedichtinterpretation nicht nur dokumentieren, dass sich jemand mit einem Text auseinander gesetzt, sondern auch, dass er ihn verstanden hat. Daraus ergibt sich, dass man ein Gedicht, das man einfach nicht versteht, erst gar nicht interpretieren sollte.

2. Gedichtanalyse / Analyse der Form
2.1 Einleitung

Wenn ein Chemiker irgendeine Probe untersuchen will – ein Gasgemisch, eine Gewässer- oder Bodenprobe, einen ihm unbekannten Stoff –, muss er entsprechende Methoden kennen, um die Probe zu analysieren. Wenn man ein Gedicht untersucht, sollte man ganz ähnlich, nämlich methodisch vorgehen. Nun weiß man, dass der Stoff, aus dem ein Gedicht besteht, eine bestimmte Sprache mit ihrem Wortschatz und ihrer Grammatik ist. Diese Sprache ist zusätzlich durch Rhythmus und Reim in eine von der Alltagssprache, aber auch von der dichterischen Prosa abweichende Gestalt gebracht. Also wird man sinnvollerweise den Wortschatz, die Grammatik, den Rhythmus und den Reim eines Gedichts (falls es überhaupt gereimt ist) untersuchen, bevor man sich daran wagt, es zu interpretieren. Diese Vorarbeit einer jeden guten Gedichtinterpretation nennt man Gedichtanalyse.
Das heißt nun keineswegs, dass man immer alles analysieren müsste. Wenn ein Gedicht in Hexametern geschrieben ist, sind das eben Hexameter, und darüber ist weiter nichts zu sagen. (Man sollte sie natürlich kennen und auch benennen!) Wenn ein Gedicht die klassische Form eines Sonetts aufweist, ist es eben ein Sonett, und darüber ist weiter nicht viel zu philosophieren. (Man muss es nur erkennen!) Oder wenn ein anderes z. B. keinerlei Attribute enthält, kann man diese nicht untersuchen. Es bedeutet allerdings schon etwas, wenn ein bestimmter Satzteil überhaupt oder fast nicht verwendet wurde. (Das sollte man dann anmerken.)

Jedes Gedicht ist ein Individuum. Man kann bei der Analyse daher nicht nach Schema F oder sonst einem Schema vorgehen. Es erfordert eben ein bisschen Fingerspitzengefühl zu merken, ob man die eigenartige Wortwahl, den markanten Rhythmus, die ausgefallenen Reime oder sonst etwas genau analysieren und als Interpretationsansatz wählen sollte. Da muss man beweglich sein und sich einfach fragen: „Was fällt mir an diesem Text besonders auf? Was ist daran anders, als ich es gewohnt bin?" – Nicht selten eröffnet einem diese Fragestellung einen ersten Zugang, von dem aus man sich dann behutsam weiter vorantasten kann.

Anmerkung:

Es wird in den folgenden Ausführungen vorausgesetzt, dass der Schüler die aus dem Latein stammenden Fachausdrücke für Wortarten und Satzteile beherrscht. Sollte diese Voraussetzung nicht erfüllt sein, möge er sich die fehlenden Kenntnisse mit Hilfe eines Grammatik-Buches aneignen oder seinen Lehrer befragen. (Wie oft ahnen Lehrer gar nicht, was ihre Schüler alles *nicht* wissen!)

2.2 Nomina (Substantive) / Andreas Gryphius: *Threnen des Vatterlandes. Anno 1636*

Wir sindt doch numehr gantz / ja mehr denn gantz verheret!
Der frechen völcker schaar / die rasende posaun
Das vom blutt fette schwerdt / die donnernde Carthaun
Hatt aller schweis / vnd fleis / vnd vorraht auff gezehret.

Die türme stehn in glutt / die Kirch ist vmbgekehret.
Das Rathhaus ligt im graus / die starcken sind zerhawn.
Die Jungfawn sindt geschändt / vnd wo wir hin nur schawn
Jst fewer / pest / vnd todt der hertz vndt geist durchfehret.

Hier durch die schantz vnd Stadt / rint alzeit frisches blutt.
Dreymall sindt schon sechs jahr als vnser ströme flutt
Von so viel leichen schwer / sich langsam fortgedrungen.

Doch schweig ich noch von dem was ärger als der todt.
Was grimmer den die pest / vndt glutt vndt hungers noth
Das nun der Selen schatz / so vilen abgezwungen.

Wenn man den Text nur so anschaut und in aller Ruhe auf sich wirken lässt, fällt einem fast zwangsläufig die Häufung der Nomina in die Augen (in heutiger Schreibung):
„Schweiß und Fleiß und Vorrat" (V. 4),
„Feuer, Pest und Tod" (V. 8),
„Pest und Glut und Hungersnot" (V. 13).

Dazu kommen Genitiv- und Präpositionalattribute wie „der frechen Völker Schar" (V. 2), „das vom Blut fette Schwert" (V. 3), „unser Ströme Flut" (V. 10) oder „der Seelen Schatz" (V. 14). Es ist, zumindest für den modernen Leser, ziemlich ungewohnt, mit einer so dichten Folge von Nomina konfrontiert zu werden.
Da aber der erste Eindruck bisweilen täuscht, mache man sich eine kleine Statistik.
Zahl der Nomina je Vers:
1. Quartett: 0 – 3 – 3 – 3
2. Quartett: 3 – 3 – 1 – 5 (!)
1. Terzett: 3 – 3 – 1
2. Terzett: 1 – 3 – 2.

Meist ist also ein Vers mit drei Nomina bestückt, im Schnitt sind es knapp zweieinhalb, im Maximum fünf. Das ist doch ziemlich viel, denn normalerweise erwarten wir

je Satz zwei, höchstens drei Nomina (ein Subjekt, ein Objekt, u. U. ein Nomen in einem adverbialen Ausdruck). Hier aber enthält der zweite Satz (über drei Verse) neun Nomina, der dritte (über vier Verse) sogar zwölf.
Was aber ist angesprochen oder benannt? Völker, Schar, Posaun(e), Blut, Schwert, Kartaun, Schweiß, Fleiß, Vorrat, Türme, Glut, Kirch(e), Rathaus, Graus, die Starken, die Jungfern, Feuer, Pest, Tod, Herz, Geist, Schanz(e), Stadt, Blut, Jahr(e), Ströme, Flut, Leichen, Tod, Pest, Glut, Hungersnot, der Seelen Schatz.
Einige dieser Wörter erscheinen zunächst harmlos, z. B. „Völker" oder „Posaun", aber die Völker sind frech, die Posaune – offenbar kein Konzert-, sondern ein Kriegsinstrument – ist rasend. Und „die Jungfern sind geschändt", d. h. vergewaltigt. Da ist also gar nichts harmlos, und in der Verbindung mit Stichworten wie „Schwert", „Kartaun" (ein Geschütz), „Blut" (zweimal), „Glut" (zweimal), „Pest", „Hungersnot" u. Ä. entfaltet sich das ganze Pandämonium des Dreißigjährigen Krieges. – Der Dichter ist offenbar von schrecklichen Eindrücken fast erschlagen, und dass nun auch der Leser von dieser Kanonade der Worte in Schrecken gesetzt wird, ist durchaus beabsichtigt.
Schaut man genauer hin, erkennt man, dass Gryphius nicht allein durch die Masse der Worte wirken will, sondern dass jedes Einzelne mit Bedacht gewählt sind. Wenn es da z. B. heißt:
„Hier durch die Schanz und Stadt rinnt allzeit frisches Blut" (V. 9), so bedeutet das konkret, dass der Krieg nicht nur auf den Verteidigungswerken der Stadt, sondern auch in dieser selbst wütet. Hier findet so etwas wie ein totaler Krieg statt, dem nicht nur das Militär, sondern auch die Zivilbevölkerung zum Opfer fällt. Da wird nicht nur gekämpft, sondern auch gemordet und vergewaltigt und gebrandschatzt. Und die Folgen der Verwüstung sind Hunger und Seuchen, damals vor allem die Pest.

Man beachte: Das ist jetzt noch keine Interpretation, sondern die Analyse des Bestandes einer einzigen Wortart! Aber man erkennt doch wohl schon an diesem Punkt, in welche Richtung die Interpretation führen wird, sodass man eigentlich nicht mehr viel falsch machen kann.
Will man eine solide Interpretation zu Stande bringen, sind selbstverständlich auch noch andere Aspekte zu berücksichtigen. In diesem konkreten Fall wäre dabei vor allem auf das zweite Terzett, also die Schlussstrophe, einzugehen. Da erklärt Gryphius (ein wenig überraschend), dass es noch etwas Schlimmeres gebe als die Kriegsgräuel, von denen er bisher gesprochen hat, nämlich: „Dass nun der Seelen Schatz so vielen abgezwungen."
Hier hängt alles vom rechten Verständnis dessen ab, was er mit dem Schatz der Seele meint. Wenn man nicht unmittelbar darauf kommt, sollte man bedenken, dass der Dreißigjährige Krieg vor allem ein Religionskrieg gewesen ist, in dem um den rechten Glauben gerungen wurde. Deutet man nun den Begriff als Glauben, so würde es heißen, dass viele gezwungen worden sind, gegen ihre Überzeugung ihren Glauben oder ihre Konfession zu wechseln. Man könnte aber auch vermuten, dass „der Seelen Schatz" mehr als nur das meint, nämlich das Seelenheil. Dann müs-

ste man folgern, dass Gryphius an jene denkt, die angesichts der Schrecken jenes Krieges den Glauben an Gott überhaupt verloren haben und völlig verzweifelt gestorben sind. Und das würde (nach alter christlicher Überzeugung) den „ewigen Tod", die Verdammnis bedeuten.

2.3 Adjektive / Georg Heym: *Printemps*

Eine der einfachsten Methoden, die Stimmung oder allgemein den Charakter eines Gedichts zu erfassen, ist die Untersuchung des Bestands an Adjektiven, vor allem soweit sie als Attribute auftreten. Man muss dabei nicht allzu kleinlich sein und kann auch solche mit in die Betrachtung einbeziehen, die adverbial gebraucht sind. Aber man sollte sich des Unterschieds zwischen Adjektiv und Adverb dennoch bewusst bleiben.

Georg Heym: *Printemps*

Ein Feldweg, der in weißen Bäumen träumt,
in Kirschenblüten, zieht fern über Feld.
Die hellen Zweige, feierlich erhellt,
zittern im Abend, wo die Wolke säumt,

ein düstrer Berg, den Tag mit goldnem Grat,
ganz hinten, wo ein kleiner Kirchturm blinkt.
Das Glöckchen sanft im lichten Winde klingt
herüber goldnen Tons auf grüner Saat.

Ein Ackerer geht groß am Himmelsrand.
Davor, wie Riesen schwarz, der Stiere Paar,
ein Dämon vor des Himmels tiefer Glut.

Und eine Mühle fasst der Sonne Haar
und wirbelt ihren Kopf von Hand zu Hand
auf schwarze Au, der langsam sinkt, voll Blut.

Bestand an Adjektiven:

1. Quartett: weiß, hell
2. Quartett: düster, golden, klein, licht, golden, grün
1. Terzett: tief, schwarz
2. Terzett: schwarz.

Für ein Frühlingsgedicht ist das eine ziemlich auffällige Farbpalette. Zwar passen „weiß", „golden" und „grün" recht genau zum üblichen Vorstellungsbild, aber in den Terzetten erscheint nur noch das Schwarz. Und den Eigenschaften „hell" und „licht" steht bereits in den Quartetten „düster" gegenüber. Das ergibt ein sehr kontrastreiches Bild und erzeugt eine ziemlich zwiespältige Stimmung, wie man dergleichen in diesem Zusammenhang eigentlich nicht erwartet.
Geht man nun von daher auf den Inhalt ein, erkennt man leicht, dass hier das Thema „Frühling" vom Thema „Abend" überlagert wird. Es ist zwar ein Frühlingstag geschildert, aber kurz vor Sonnenuntergang: Die Sonne ist bereits hinter einer düsteren Wolke verschwunden – „Berg" ist nur Apposition zu „Wolke"! –, die zwar golden gesäumt erscheint, die Landschaft insgesamt aber doch schon verdunkelt.
Nach der für ein Sonett typischen Zäsur zwischen Quartetten und Terzetten verwandelt sich das Bild nun vollends ins Düstere, ja Bedrohliche. Der Bauer, der sein Feld bestellt, erscheint überdimensional groß, als Dämon gar, seine „Stiere" wie Riesen. (Man begreift zunächst diese Übertreibung gar nicht.) Aber es wird noch dramatischer: Die Sonne, die offensichtlich zwischen Wolkenrand und Horizont noch einmal, rot glühend, durchbricht, wird als abgerissener Kopf interpretiert, dessen Blut sich auf die Flur ergießt. – Hier tritt zum Schwarz in der Vorstellung des Lesers das Rot des Blutes, sodass dieses Schlussbild in düsterem Schwarz-Rot erscheint, ausdrucksstark, expressionistisch wie auf manchen Bildern von Emil Nolde. Jedenfalls bleibt von der ganzen bunten Palette der ersten Gedichthälfte am Ende nur dieser schrille Farbkontrast übrig.

Es ist aus dem Text eigentlich nicht zu erkennen, *warum* die Stimmung so radikal umschlägt. Das lyrische Ich gibt nichts von sich selber preis. Aber die Analyse zeigt einwandfrei, *dass* es so ist. Das nahezu japanisch anmutende Eingangsbild – Feldweg mit blühenden Kirschbäumen – verdüstert sich von Strophe zu Strophe und wird schließlich von einer Schreckensvision ausgelöscht. Nur soviel ist sicher. Alles, was darüber hinausgeht, bleibt letztlich Vermutung.
Falls aber jemand die Biografie Heyms kennt, dürfte er in diesem Zusammenhang darauf verweisen, dass der Dichter im Jahr nach dem Erscheinen seines ersten Gedichtbands im Alter von nur vierundzwanzig Jahren ertrunken ist. Von daher wäre es zumindest vorstellbar, dass er unter Todesahnungen gelitten hat. Er ist – wenn man es so melodramatisch ausdrücken will – im Frühling seines Lebens dahingerafft worden, ähnlich wie „der Sonne Haar" am Ende seines Frühlingsgedichts von einer Mühle erfasst wird. (Das wäre eine plausible Erklärung; ein Beweis ist es jedoch nicht.)

2.4 Adverbien und Adverbialien / Peter Huchel: *Die Schattenchaussee*

Keineswegs immer, aber doch oftmals sind Gedichte Ausdruck von Stimmungen. Nun lassen sich diese freilich auch durch Substantive („Mond", „Meer") oder Verben („schimmern", „rauschen") hervorrufen, aber das, was über den Satzkern (Subjekt und Prädikat) hinaus mitgeteilt wird und einen Vorgang anschaulicher oder nachfühlbarer macht, erscheint doch meist als Adverb oder Adverbiale (Umstandswort bzw. Umstandsbestimmung). Das Adverb ist eine Wortart, das Adverbiale gehört zu den Satzgliedern. – Nehmen wir als Beispiel:

Peter Huchel:
Die Schattenchaussee

Sie spürten mich auf. Der Wind war ihr Hund.
Sie schritten die Schattenchausseen.
Ich lag zwischen Weiden auf moorigem Grund
im Nebel verschilfter Seen.
Die Nacht nach Rohr und Kalmus roch,
des Zwielichts bittre Laugen
erglänzten fahl im Wasserloch.
Da sah ich mit brennenden Augen:

Den Trupp von Toten, im Tod noch versprengt,
entkommen der Feuersbrunst,
von aschigem Stroh die Braue versengt,
geschwärzt vom Pulverdunst,
sie gingen durch Pfahl und Stacheldraht
vorbei am glosenden Tank
und über ölig verbrannte Saat
hinunter den lehmigen Hang
und traten, gebeugt von modernder Last,
aus wehendem Nebelgebüsch.
Am Wasser suchten sie späte Rast,
der Stein war ihr Hungertisch.

Sie standen verloren im Weidengrau
mit Händen blutig und leer.
Und kalt durchdrang mich der Blätter Tau,
die Erde hielt mich schwer.
Stumm zogen sie weiter, der Weg war vermint,
sie glitten wie Schatten dahin.

Sie hatten dem großen Sterben gedient,
und Sterben war ihr Gewinn.
Im Acker lag ein rostiger Pflug,
sie starrten ihn traurig an …
Da sah ich mich selber im grauen Zug,
der langsam im Nebel zerrann.

O schwebende Helle, du kündest den Tag
und auch die Schädelstätte.
Zerschossen die Straße, zerschossen der Hag,
zermalmt von des Panzers Kette.
Ich schmeckte im Mund noch Sand und Blut
und kroch zum See, die Lippen zu feuchten.
Und sah der Sonne steigende Glut
Im nebligen Wasser leuchten.

Wenn man sich den Adverbialbestand richtig vor Augen führen will, macht man sich eine Übersicht:

Beachte:
Es ist besser, Adverbien und Adverbialien herauszuschreiben, als sie nur zu unterstreichen, denn eben durch das Schreiben vergegenwärtigt man sich das, worauf es ankommt. Man hat es nachher bei der Interpretation auch viel leichter im Griff.

Merke:
Eine Gedichtinterpretation ohne solide Vorarbeit hat noch selten etwas getaugt.

Übersicht	
Adverbien	**Adverbialien**
1. Strophe	
	zwischen Weiden
	auf moorigem Grund
	im Nebel (verschilfter Seen)
fahl	im Wasserloch
	mit brennenden Augen

Übersicht	
Adverbien	**Adverbialien**
2. Strophe	
	im Tod
	durch Pfahl und Stacheldraht
vorbei	am glosenden Tank
	über die ölig verbrannte Saat
hinunter	den lehmigen Hang
	aus wehendem Nebelgebüsch
3. Strophe	
verloren	im Weidengrau
kalt	
schwer	
stumm	
traurig	im grauen Zug
langsam	im Nebel
4. Strophe	
	im Mund
	zum See
	im nebligen Wasser

Die Übersicht zeigt auf den ersten Blick eine dichte Folge von adverbialen Ausdrücken, vor allem in den ersten beiden Strophen. Vergleicht man sie inhaltlich, bemerkt man, dass sich das Stichwort „Nebel" in allen vier Strophen findet:
Im Nebel / Nebelgebüsch / im Nebel / im nebligen Wasser, das Stichwort „Weide" kommt in zwei Strophen vor (1 und 3), ebenso „See" (1 und 4). Nimmt man die in den Adverbialien enthaltenen Attribute „moorig" und „verschilft" hinzu, ergibt sich das fast vollständige Bild einer Moorlandschaft im Nebel. Das könnte bei aller Schwermut auch einen romantischen Eindruck machen, wenn, ja wenn da nicht noch ganz andere Stimmungselemente beigemischt wären!
Die zweite Strophe setzt ziemlich unvermittelt mit dem Stichwort „Tod" ein und umgibt es zusätzlich mit einer ganzen Aura tödlicher Schrecken: mit Feuersbrunst, Pulverdunst, brennendem Panzer und verbrannter Saat. Nicht alles das erscheint im Rahmen der Adverbialien, aber diese selbst haben auch einen ganz anderen Ausdruck als in der ersten Strophe:
„Durch Pfahl und Stacheldraht"
„vorbei am glosenden Tank"
u. Ä. öffnen den Blick auf eine Landschaft, die vom Krieg zerstört ist, und zwar vor kurzem, vielleicht erst am vorigen Tag. (Der abgeschossene Panzer glüht noch!)
Auch die dritte Strophe verweilt beim Thema „Krieg und Tod", jedoch bereits formal mit einer interessanten Variante: Die umständlichen präpositionalen Ausdrücke der

ersten beiden Strophen sind weitgehend durch schlichte Adverbien ersetzt, und die meisten davon beziehen sich auf die Toten selbst: „verloren", „stumm", „traurig", „langsam". Während vorher die Stimmung der kriegszerstörten Landschaft vordringt, steht jetzt allein der trostlose Zug der Gefallenen im Blickpunkt. – Erst nachdem dieser im Nebel verschwunden ist, hellt sich die Stimmung in der 4. Strophe merklich auf, doch verraten die wenigen hier noch verwendeten, zudem knappen Adverbialien wenig davon. Das Schwergewicht der Aussage verlagert sich völlig auf substantivische Ausdrücke („O schwebende Helle", „der Sonne steigende Glut") und auf Prädikate („du kündest", „und sah [...] leuchten").
Am Ende zeigt sich, dass man eine solche Interpretation natürlich nicht allein auf der Untersuchung eines einzigen Satzteils aufbauen kann, aber man sieht doch immerhin, wie weit man damit kommt.

Zur Abrundung einer Gesamtinterpretation dieses Gedichts wäre noch Folgendes zu beachten:
Es ist ziemlich leicht zu erkennen, dass die 1. und 4. Strophe eine gewöhnliche Wirklichkeit wiedergeben, die 2. und 3. dagegen eine Vision. Das wird mit dem letzten Vers der 1. Strophe deutlich gemacht.
Diese Vision lässt sich am ehesten als der Fiebertraum eines verwundeten Soldaten deuten. Darauf verweisen die „brennenden Augen" (V. 8), „Sand und Blut" im Mund (V. 37) sowie das Bedürfnis, „die Lippen zu feuchten".
Mancher wird den Text vielleicht als Antikriegsgedicht deuten. Aber es trägt i. Allg. wenig zur Interpretation eines Gedichts bei, wenn man ihm einfach ein Etikett anklebt. Weiter führt auf jeden Fall das Stichwort „Schädelstätte" (V. 34), das bekanntlich die Übersetzung von „Golgatha" ist. Es fügt dem Übrigen eine religiöse Dimension hinzu: den Verweis auf den Opfertod Christi. Dadurch wird der Vorwurf, dass sie „dem großen Sterben gedient" hätten (V. 27), relativiert; es wird zumindest anerkannt, dass auch sie ihr Leben geopfert haben.

2.5 Prädikate / Friedrich von Logau: *Heutige Weltkunst*

Eigentlich nur der Vollständigkeit halber sollen kurz die Verben betrachtet werden, die im Satz gewöhnlich das Prädikat bilden. Meist eignen sie sich weniger zur Analyse, da sie als das wesentliche Element des Satzbaus notwendigerweise zu jedem Satz gehören. Auf Attribute und Adverbialien kann man verzichten, Objekte benötigt man nur bei transitiven Verben, ja selbst das Subjekt kann bisweilen fehlen, nämlich in imperativischen Sätzen: „Komm her!", „Mach keine Umstände!", „Hab dich nicht so!" u. Ä. Aber ein Satz ohne ein Prädikat ist immer nur ein Fragment. In diesem Punkt hat der Schreiber demnach weniger Freiheit als sonst, und deshalb lässt sich aus dem Gebrauch der Verben auch weniger herauslesen.

Aber selbstverständlich kommt es immer noch darauf an, *welches* Verb jemand fürs Prädikat aussucht und *wie viele.* Wie man zu einem Bezugswort mehrere Attribute oder zu einem Verb mehrere Objekte hinzufügen kann, so lässt sich auch ein Prädikat aus mehreren Verben bilden. – In **Schillers** bekannter Ballade *Der Taucher* lautet z. B. eine Strophe:
„Und es wallet und siedet und brauset und zischt,
Wie wenn Wasser mit Feuer sich mengt,
Bis zum Himmel spritzet der dampfende Gischt,
Und Flut auf Flut sich ohn Ende drängt
Und will sich nimmer erschöpfen und leeren,
Als wollte das Meer noch ein Meer gebären."
Hier sticht vor allem im ersten Vers die dichte Reihe von vier Prädikaten ins Auge, im fünften findet sich ein Modalverb mit zwei Infinitiven, im sechsten eines mit einem Infinitiv. Das ergibt für sechs Verse insgesamt zwölf Verben, und das fällt denn doch auf. Die ganze Strophe bekommt dadurch eine ungewöhnliche Bewegtheit, ja eine ungeheure Dynamik und bildet dadurch die Bewegung des Wassers in einem Meeresstrudel recht anschaulich ab.
Grundsätzlich gilt, dass der verbale dem nominalen Stil fast immer an Ausdruckskraft und Lebendigkeit überlegen ist. Lyriker bevorzugen daher gewöhnlich den Ersten, während z. B. Gesetzestexte oder Verwaltungsvorschriften meist Nominalstil aufweisen: „Zur Verwirklichung eines vereinten Europas wirkt die Bundesrepublik Deutschland bei der Entwicklung der Europäischen Union mit, die demokratischen, rechtsstaatlichen, sozialen und föderativen Grundsätzen und dem Grundsatz der Subsidiarität verpflichtet ist und einen diesem Grundgesetz im Wesentlichen vergleichbaren Grundrechtsschutz gewährleistet" (Art. 23 GG).
Hier hängt die ganze umständliche Konstruktion an der einen Verbform „wirkt", was zwar in diesem Fall ausreicht, aber doch den Eindruck von Steifheit und Schwerfälligkeit vermittelt. Juristen dürfen so schreiben und haben auch Gründe dafür: Sie müssen ja etwas feststellen, festschreiben, definieren, einen Tatbestand fixieren, und dafür eignet sich der Nominalstil besser. Insofern sind Gesetzestexte auch gar nicht mit Gedichten vergleichbar.
Es soll deshalb in diesem Zusammenhang nur klargestellt werden, dass bei der Gedichtanalyse der Gebrauch der Verben meist keine besonderen Rückschlüsse zulässt, weil der Verbalstil für die Lyrik nun einmal selbstverständlich, sozusagen ganz gewöhnlich ist. Aber das heißt andererseits nicht, dass man nicht in besonderen Fällen seine Interpretation auch einmal an den Verben eines Gedichts festmachen könnte, ja vielleicht müsste, wie etwa bei

Friedrich von Logau:
Heutige Weltkunst

Anders sein und anders scheinen,
Anders reden, anders meinen,

Alles loben, alles tragen,
Allen heucheln, stets behagen,
Allem Winde Segel geben,
Bös' und Guten dienstbar leben,
Alles Tun und alles Dichten
Bloß auf eignen Nutzen richten;
Wer sich dessen will befleißen,
kann politisch heuer heißen.

Hier besteht der ganze Text hauptsächlich aus Verben, die einander antithetisch gegenübergestellt sind

sein	–	scheinen,
reden	–	meinen,
dienstbar leben	–	auf eignen Nutzen richten,

oder die sich ergänzen oder steigern:

alles loben	–	allen heucheln,
alles Tun	–	alles Dichten (mit substantivierten Verben).

Da im ganzen Gedicht ausschließlich Verhaltensweisen angesprochen sind, die alle zusammen als „politisch" charakterisiert werden, entsteht fast von selbst diese Kaskade von Infinitivsätzen, die auf einen einzigen Hauptsatz am Ende zustürzt:

„Wer sich dessen will befleißen,
kann politisch heuer heißen."

Da bis dahin alle Verben im Infinitiv erscheinen, entsteht eine Ungewissheit, eine Spannung, die sich erst im Schlusssatz auflöst. Erst die letzten beiden Verse geben Auskunft auf die Frage, was all die unbestimmten Aussagen der übrigen acht bedeuten. Das ist von Logau sehr geschickt und zweifellos auch bewusst gemacht; denn so bringt er in eine bloße Aufzählung politischer Verhaltensweisen, die er kritisieren will, jene Spannung, die seiner Aussage erst ihre verblüffende Überzeugungskraft verleiht.

2.6 Satzbau / Friedrich Hölderlin: *Brot und Wein* (erster Teil)

Ein Wort ist bekanntlich noch keine Aussage. (Ausnahmen wie „ja" und „nein" bestätigen die Regel.) Eine Aussage erfordert einen Satz, zu dessen Grundausstattung ein Subjekt gehört, d. h. ein Gegenstand, von dem etwas ausgesagt werden soll, und ein Prädikat, welches eben diese Aussage macht: „Die Sonne scheint" oder „Die Sonne ist untergegangen". Meist aber sind solche Aussagen zu dürftig, als dass sie dem Hörer genügten. Dieser will etwas mehr wissen und bekommt diese Zusatzinforma-

tionen in Form von Attributen, Objekten und Adverbien bzw. Adverbialien: „Die noch schwache Morgensonne schien geradewegs ins Fenster seines Schlafzimmers." Nicht selten aber werden auch mehrere Aussagen so verknüpft, dass räumliche, zeitliche oder logische Zusammenhänge erkennbar werden, d. h. es werden Satzgefüge aus Haupt- und Nebensätzen gebildet:
„Vor dem Haus stand eine Bank, auf der er bei schönem Wetter oft stundenlang saß."
„Nachdem er gefrühstückt hatte, machte er sich umgehend an seine Arbeit."
„Obwohl er nicht genau Acht gab, begriff er doch, dass die Lage für ihn gefährlich zu werden drohte."
Hypotaxen dieser Art gibt es nicht nur in der Prosa, sondern auch in der Lyrik. Es lohnt sich daher schon, auch dem Satzbau eines Gedichts seine Aufmerksamkeit zu schenken.
Der deutsche Satzbau ist, verglichen mit dem manch anderer Sprachen, z. B. des Französischen, recht variabel, und dieselbe Aussage kann durchaus auf verschiedene Art gemacht werden:
„Mir ist gestern wirklich etwas Dummes passiert."
„Gestern ist mir wirklich…"
„Wirklich, gestern ist mir…"
„Etwas Dummes ist mir gestern passiert, wirklich!"
Die Unterschiede dieser Aussagen liegen weniger in der Sache selbst als vielmehr in der Betonung des einen oder anderen Elements des Vorgangs, wobei das, was man herausheben will, gewöhnlich an den Satzanfang gerückt wird.

Als Beispiel sei hier ein berühmtes Gedicht von Hölderlin gewählt: der erste Teil seiner großen Elegie *Brot und Wein.*

Friedrich Hölderlin:
***Brot und Wein* (1. Teil)**

Ringsum ruhet die Stadt; still wird die erleuchtete Gasse
  Und mit Fackeln geschmückt, rauschen die Wagen hinweg.
Satt gehn heim von Freuden des Tags zu ruhen die Menschen,
  Und Gewinn und Verlust wäget ein sinniges Haupt
Wohlzufrieden zu Haus; leer steht von Trauben und Blumen,
  Und von Werken der Hand ruht der geschäftige Markt.
Aber das Saitenspiel tönt fern aus Gärten; vielleicht, dass
  Dort ein Liebendes spielt oder ein einsamer Mann
Ferner Freunde gedenkt und der Jugendzeit; und die Brunnen,
  Immerquillend und frisch, rauschen an duftendem Beet.
Still in dämmriger Luft ertönen geläutete Glocken,
  Und der Stunden gedenk, rufet ein Wächter die Zahl.
Jetzt auch kommet ein Wehn und regt die Gipfel des Hains auf,

Sieh! Und das Schattenbild unserer Erde, der Mond
Kommet geheim nun auch; die Schwärmerische, die Nacht kommt,
Voll mit Sternen und wohl wenig bekümmert um uns,
Glänzt die Erstaunende dort, die Fremdlingin unter den Menschen
Über Gebirgeshöhn traurig und prächtig herauf.

Für eine grobe Analyse des Satzbaus genügt es, folgende Satzteile zu unterscheiden:
Subjekt (S), Prädikat (P), Objekt (Ob), Adverbiale (Adv), Attribut (A), Apposition (App), unter Umständen Verb + Prädikatsnomen (PrN), außerdem Nebensätze (z. B. Finalsatz).
Dabei muss man nicht zu ängstlich sein. Ob man z. B. in der Phrase „leer steht von Trauben und Blumen" den präpositionalen Ausdruck als Präpositionalobjekt zu „leer stehen" einstuft oder als eine Art Attribut zu „leer", spielt für die Interpretation keine Rolle.

Der Satzbau des Gedichts von Vers zu Vers:

Adv – P – S; (Adv) – P – S,
Adv – P – S.
Adv – P – Finalsatz – S,
Ob – P – S –
Adv – Adv; PrN – Verb – PräpOb –
PräpOb – P – S.
S – P – Adv; Fragm –
Subjektsatz (Adv – S – P – S –
Ob – P – Ob); S –
A – P – Adv.
Adv Adv P S,
A – P – S – Ob.
Adv – P – S – P – Ob,
Anrede! – S – App –
P – Adv; S – App – P –
Adv – Adv –
P – S – Adv – App –
Adv – Adv – (P).

Man erkennt leicht ein Übergewicht der Sätze mit Inversionsstellung, meist Adv – P – S. Die Normalstellung tritt erst in der zweiten Hälfte auf (insgesamt dreimal), entweder eingebunden in eine Satzreihe („und die Brunnen...", „und das Schattenbild...") oder als Anfang einer überlangen Periode („die Schwärmerische..."). Der Effekt dieser Art von Satzbau ist, dass durch die Betonung der Adverbialien die Umstände vor die eigentliche Aussage treten: Ort, Zeit, Stimmung, überhaupt das Atmosphärische.

Stichworte dafür sind: ringsum, still, satt, wohlzufrieden, leer, fern, still, jetzt, geheim, traurig und prächtig.
So entsteht eine ungemein dichte Atmosphäre; man spürt und hört förmlich: die Stille, das Rauschen der Brunnen, das Saitenspiel, das Läuten der Abendglocken von ferne, den Ruf des Wächters, das Rauschen der Baumwipfel im Abendwind. Dagegen sieht man relativ wenig: die Gasse, die Fackeln der abfahrenden Wagen, den leeren Markt und den Mond. Es ist später Abend, der Übergang von der Dämmerung in die Nacht; die Zeit, zu der alles zur Ruhe kommt.
Das alles wird aber nicht einfach beschrieben, sondern eben durch die Eigentümlichkeit dieses Satzbaus vergegenwärtigt. Die Aussagen werden durch die Inversion in der Schwebe gehalten. Man erkennt zunächst gar nicht, wer oder was hier ruht oder still wird oder satt ist. Dass es die Stadt ist, die Gasse, dass es die Menschen sind, erfährt man jeweils erst am Ende jeder Phrase. Und wie die Sätze in der Schwebe, in Spannung gehalten werden, so auch der Leser, und zwar in einer keinesfalls gewaltsamen, sondern angenehmen Spannung, die sich von Schritt zu Schritt gleich wieder löst.
Die Analyse des Satzbaus ist also in diesem Fall kein Selbstzweck, sondern ein brauchbares Instrument, das einem den Zugang zu diesem zauberhaften Kunstgebilde öffnen kann. Dass Hölderlin hier eigentlich gar nichts beschreibt und erst recht nichts erzählt, sondern (mit einem wohl bewusst eingesetzten syntaktischen Mittel, der Inversion) vor allem Atmosphäre schafft, eine Abendstimmung vergegenwärtigt, das lässt sich eben nur richtig erkennen und interpretieren, wenn man diese Syntax beachtet.
Darüber hinaus wäre es gut zu wissen, dass der vorliegende Text kein vollständiges Gedicht, sondern nur den ersten Teil einer neunteiligen Elegie darstellt, also eigentlich nur eine Einleitung.
Das Ganze handelt von einer fernen, glücklichen Vergangenheit, in der noch die Götter unter den Menschen weilten und diese ihnen Tempel und Altäre errichteten und Feste feierten. Hölderlin denkt dabei vor allem ans antike Griechenland und seine Götter, aber auch an Christus, den er als den Letzten in ihrer Reihe sieht, d. h. als jenen, mit dem sich das Göttliche für unbestimmte Zeit aus der Welt zurückgezogen hat. Seitdem liegt die Welt im Dunkeln. (Die Abend- und Nachtstimmung des Einleitungsgedichts deutet schon darauf hin.) Aber die Götter haben uns doch etwas zum Andenken hinterlassen: Dionysos den Wein und den Gesang, Christus Brot und Wein im Abendmahl. (Darauf bezieht sich der Titel der Elegie.)
Das alles kann natürlich niemand wissen, der nicht alle neun Teile des großen Gedichts kennt. Deshalb kann ein Lehrer von seinen Schülern auch nicht erwarten, dass sie darüber schreiben. Es ist hier nur erwähnt, um klarzustellen, dass dieses Stimmungsbild, das Teil 1 vermittelt, kein Selbstzweck ist, sondern Einstimmung auf ein großes kulturhistorisches Thema. Isoliert man jenen Teil, kann man eigentlich nur die Abendstimmung in einer Stadt zur Zeit Hölderlins erkennen; und es ist weder Athen noch Jerusalem, das hier Pate steht, sondern wahrscheinlich Tübingen. Aber nicht einmal das muss man wissen. Es steht nicht im Text und gehört somit streng genommen schon nicht mehr zur Interpretation.

2.7 Rhythmus

Fragt man irgendeinen Menschen, was er sich unter einem Gedicht vorstellt, wird er in den meisten Fällen sagen: einen gereimten Text. Aber der Reim ist keineswegs das entscheidende Merkmal eines Gedichts; es gibt ihn erst seit der Spätantike, und vorherrschend wird er erst im Mittelalter und auch da nur im europäischen Kulturkreis. Und seit dem 18. Jahrhundert geht er schon wieder zurück; die meisten modernen Gedichte sind ungereimt. Was also macht ein Gedicht aus, wenn nicht der Reim? – Der Rhythmus!

Gedichte sind vor allem rhythmisierte Texte. Zwar gibt es auch so etwas wie einen Prosarhythmus, aber der ist vergleichsweise ungeregelt, unvorhersehbar, emphatisch. Ein gutes Gedicht dagegen zeichnet sich durch eine geregelte, gleichmäßige und deshalb von Vers zu Vers, von Strophe zu Strophe vorhersehbare Rhythmisierung aus und ist deshalb im Grunde leichter zu lesen, auch leichter zu merken als ein Prosatext. Das soll nun nicht heißen, dass der Gedichtrhythmus völlig starr wäre; Versschema und natürlicher Sprachrhythmus treten oft in ein gewisses Spannungsverhältnis zueinander, welches das Gedicht erst wirklich lebendig macht. Ein Text, der sich ängstlich oder stur an das festgelegte Versschema hält, gibt selten ein gutes Gedicht ab. Und wer ein Gedicht bloß nach dem Schema herunterleiert, wird damit auch selten viel Effekt machen – falls er nicht gar einen unerwünschten Lacherfolg erntet.

Es gibt (zumindest in der deutschen Lyrik) vier Grundrhythmen, die man kennen sollte, falls man überhaupt etwas über den Rhythmus eines Gedichts sagen will. Sie ergeben sich aus dem natürlichen Wechsel betonter (–) und unbetonter (∪) Silben. In der antiken (griechischen und römischen) Lyrik bezeichnet – die Länge, ∪ die Kürze. Man sollte grundsätzlich diese Zeichen verwenden, da man bei der anderen Darstellungsart, in der für jede Silbe ein x steht, allzu leicht den Überblick verliert:
x | xx | xx | xx | xx | ...
(Notiert man ein ganzes Gedicht auf diese Art, flimmert es einem am Ende nur noch vor den Augen.)

Die vier Grundrhythmen sind:

Trochäus:	– ∪ | – ∪ | – ∪ | ...,	also betont – unbetont,
Jambus:	∪ – | ∪ – | ∪ – | ...,	also unbetont – betont,
Daktylus:	– ∪ ∪ | – ∪ ∪ | ...,	also betont – zweimal unbetont,
Anapäst:	∪ ∪ – | ∪ ∪ – | ...,	also zweimal unbetont, dann betont.

Bisweilen werden in einem Vers auch zwei (selten mehr) Rhythmen gemischt, vor allem Trochäus mit Daktylus oder Jambus mit Anapäst.

Es gibt Strophenformen, die einen sehr komplizierten, aber ebenso strengen Wechsel verschiedener Rhythmen aufweisen, nämlich die Odenstrophen: die Sapphische, die Alkäische und die Asklepiadeische Strophe, die aber nur von relativ wenigen neueren Dichtern gebraucht und beherrscht werden, vor allem von Klopstock und Hölderlin.

Als Beispiel eine Alkäische Strophe von **Hölderlin**:

„Nur Einen Sommer gönnt, ihr Gewaltigen!
Und Einen Herbst zu reifem Gesange mir,
Dass williger mein Herz, vom süßen
Spiele gesättiget, dann mir sterbe!"

∪ | – ∪ | – ∪ | – ∪ ∪ | – ∪ | –
∪ | – ∪ | – ∪ | – ∪ ∪ | – ∪ | –
∪ | – ∪ | – ∪ | – ∪ | – ∪ |
| – ∪ ∪ | – ∪ ∪ | – ∪ | – ∪ ||

(Im Allgemeinen wird von keinem Schüler verlangt, dass er die verschiedenen Odenstrophen auseinander halten kann. Wenn er nur erkennt, dass es eine Ode ist, gilt das schon als respektable Leistung.)
Es ist gar nicht so leicht, ein Gedicht überhaupt richtig zu rhythmisieren! Nehmen wir z. B. die erste Strophe eines bekannten **Goethe**-Gedichts:

Willkommen und Abschied

„Es schlug mein Herz, geschwind zu Pferde!
Es war getan fast eh gedacht.
Der Abend wiegte schon die Erde,
Und an den Bergen hing die Nacht;
Schon stand im Nebelkleid die Eiche,
Ein aufgetürmter Riese, da,
Wo Finsternis aus dem Gesträuche
Mit hundert schwarzen Augen sah."

Da ist vorläufig nur so viel sicher:
∪ – ∪ – ∪ – ∪ – ∪
∪ – ∪ – ∪ – ∪ – usw.

Aber ist das nun Jambus oder Trochäus? Der Unerfahrene wird dazu neigen, vom Versanfang her jeweils zwei Silben zusammenzufassen, also
∪ – | ∪ – | ∪ – | ∪ – | ∪

Das wäre Jambus. Aber dabei tritt die Schwierigkeit auf, dass am Ende eine unbetonte Silbe übrig bleibt, was nicht sein darf. Der letzte Takt muss zumindest eine betonte Silbe enthalten. Man muss also den Vers vom Ende her richtig stellen:
∪ | – ∪ | – ∪ | – ∪ | – ∪ |

So erhält man einen Trochäus mit Auftakt, was auch weit besser mit dem natürlichen Sprachrhythmus übereinstimmt. Man setze nur einmal die entsprechenden Taktstriche in den letzten Vers:

Jambus: Mit hun- | dert schwar- | zen Au- | gen sah.
Trochäus: Mit | hundert | schwarzen | Augen | sah.
Es ist wohl klar, dass es nur Trochäus sein kann.

2.7.1 Eduard Mörike: *Um Mitternacht*

Gelassen stieg die Nacht ans Land,
Lehnt träumend an der Berge Wand,
Ihr Auge sieht die goldne Waage nun
Der Zeit in gleichen Schalen stille ruhn;
Und kecker rauschen die Quellen hervor
Sie singen der Mutter Nacht ins Ohr
Vom Tage,
Vom heute gewesenen Tage.

Das uralt alte Schlummerlied,
Sie achtet's nicht, sie ist es müd;
Ihr klingt des Himmels Bläue süßer noch,
Der flüchtgen Stunden gleichgeschwungnes Joch.
Doch immer behalten die Quellen das Wort,
Es singen die Wasser im Schlafe noch fort
Vom Tage,
Vom heute gewesenen Tage.

Man erkennt schon aus dem Druckbild auf den ersten Blick, dass jede der beiden Strophen aus zwei Teilen besteht. Der eigentliche Unterschied der beiden Teile erschließt sich jedoch erst durch die Untersuchung des Rhythmus'. Schematisch stellt er sich so dar:

∪ | – ∪ | – ∪ | – ∪ | –
∪ | – ∪ | – ∪ | – ∪ | –
∪ | – ∪ | – ∪ | – ∪ | – ∪ | –
∪ | – ∪ | – ∪ | – ∪ | – ∪ | –
∪ | – ∪ | – ∪ ∪ | – ∪ ∪ | –
∪ | – ∪ ∪ | – ∪ ∪ | – ∪ | –
∪ | – ∪ |
∪ | – ∪ ∪ | – ∪ ∪ | – ∪ ||

Der erste Teil kommt also ein wenig schwerfällig mit vier- und fünfhebigen Trochäen daher, während der zweite locker und leicht mit Daktylen dahintänzelt. So verrät allein schon der Rhythmus, dass es sich um zwei Gegenstände unterschiedlichen Charakters handeln muss: Der erste ist die Nacht, der zweite sind die Quellen.
Mörike hat das Stilmittel verschiedener Rhythmen in einer Strophe zweifellos bewusst eingesetzt, um den stillen Gang der Nachtstunden und das geschwätzige Rauschen der Quellen (oder Quellbäche) hörbar zu machen. Dieses Gedicht eignet sich deshalb auch ganz ausgezeichnet für die Rezitation, weil es den, der es vorträgt, schon von sich aus zu einem dynamischen, effektvollen Vortrag hinreißt.
Untersucht man, was inhaltlich dem entspricht, was durch den Rhythmus vorgezeichnet ist, findet man durchweg Übereinstimmung. Der trochäische Teil ist durch Stichworte gekennzeichnet wie: gelassen, träumend, stille, uralt, müd, süß (nur „flüchtig" fällt aus dem Rahmen), durch Verben wie: steigen, lehnen, sehen, ruhen, klingen. Im daktylischen Teil dagegen findet man: keck, rauschen, singen (zweimal), Quellen, Wasser, allerdings auch: Schlaf.
Dem Eindruck des Stillstands der Zeit um Mitternacht, wo die Waage, die sich vom Heute zum Morgen (oder auch vom Gestern zum Heute) senkt, zumindest für einen Augenblick bewegungslos im Gleichgewicht zu ruhen scheint, wird kontrastreich das unaufhaltsam Bewegliche des fließenden Wassers entgegengesetzt. Und ein weiterer Kontrast fällt auf: Der jeweils erste Teil der Strophen ist ganz optisch erfasst, der zweite ganz akustisch bestimmt. Die Nacht sieht nur; sie achtet überhaupt nicht auf das Geschwätz der Quellen. Das Einzige, was ihr im Ohr klingt, ist – paradox genug – „des Himmels Bläue"! (Man könnte es als Synästhesie deuten: Die Nacht hört eine Farbe.)
Wie man sieht, führt der Interpretationsansatz beim Rhythmus dieses Gedichts ziemlich weit in die eigentliche Interpretation hinein. Damit soll nicht behauptet werden, dass an diesem Punkt schon alles gesagt wäre, aber wenn man schon einmal so weit vorgedrungen ist, sieht man wohl auch noch den Rest, z. B. die Personifizierung der Nacht, die Bilder von Waage und Joch, die Ausgleich symbolisieren, oder die sanfte Melancholie des Schlussverses: dass auch dieser Tag, der soeben noch „heute" war, im nächsten Augenblick doch nur noch „gewesen" ist.

2.7.2 Johann Wolfgang von Goethe: *Ein Gleiches*

Über allen Gipfeln
Ist Ruh,
In allen Wipfeln
Spürest du
Kaum einen Hauch;
Die Vögelein schweigen im Walde.
Warte nur, balde
Ruhest du auch.

Vorbemerkung:

In den von Goethe selbst arrangierten Ausgaben seiner Gedichte steht eines mit dem Titel *Wanderers Nachtlied*, das mit dem Vers beginnt: „Der du von dem Himmel bist", danach das obige „Über allen Gipfeln" mit dem Titel *Ein Gleiches*, d. h. ebenfalls ein Nachtlied. Deshalb erscheint auch dieses zweite Gedicht, nicht ganz korrekt, meist mit dem Titel des ersten.

Zum Rhythmus:

Das Gedicht besteht zwar aus acht Versen, aber die sind ganz ungewöhnlich kurz: mit drei, zwei oder gar nur einer einzigen Hebung. – Das Schema ist:

	Hebungen
|–∪|–∪|–∪|	3
∪|– |	+ 1 = 4
∪|–∪|–∪|	2
|–∪|– |	+ 2 = 4
|–∪∪|–|	2
∪|–∪∪|–∪∪|–∪|	+ 3 = 5 (!)
|–∪∪|–∪|	2
|–∪∪|– ||	+ 2 = 4

Klassische deutsche Liedverse sind gewöhnlich vierhebig, in der Romantik schreibt man gern vier- und dreihebige im Wechsel. Was wir hier bei Goethe sehen, fällt ganz aus dem Rahmen. Ein Vers wie der zweite, der nur aus zwei Silben besteht (Auftakt und Hebung), ist nicht normal. Aber was bedeutet dieser eigenartige Rhythmus?
Man kann als Faustregel gelten lassen: Je länger ein Vers, desto getragener, schwerfälliger, je kürzer, desto leichter, beweglicher, anschmiegsamer. Der dramatische Blankvers z. B. ist fünfhebig, d. h. breit, füllig, kraftvoll; der barocke Alexandriner sogar sechshebig, d. h. pathetisch, überschwänglich. Der romantische Liedvers, wie ihn z. B. Eichendorff gerne verwendet, ist – wie schon erwähnt – abwechselnd vier- und dreihebig und schwebt so gewissermaßen zwischen zwei Möglichkeiten, wirkt anmutig und melodisch. Wenn nun Goethe in seinem Gedicht *Ein Gleiches* vorwiegend zweihebige, daneben aber auch ein- und dreihebige Verse gebraucht, nutzt er offensichtlich eine extreme Möglichkeit der Rhythmik und erzeugt einen ganz überraschenden Effekt von irritierender Unvorhersehbarkeit.
Das rhythmische Schema, das er verwendet, lässt sich allerdings auch noch anders deuten: Es fällt auf, dass die Verse 1 + 2, 3 + 4 sowie 7 + 8 zusammengenommen ziemlich normale Vierheber ergeben. Es sind lediglich „gebrochene Verse", d. h. solche, die in zwei Teile zerbrochen sind. Allein die Verse 5 und 6 fallen aus diesem Rahmen, denn sie umfassen zusammen fünf Hebungen und stören damit den rhythmischen Fluss der übrigen Verse. Man darf sie also wohl gar nicht als *einen* Vers gelten lassen, sondern muss sie getrennt belassen. Damit ergibt sich auf der Basis eines normalen Vierhebers folgendes Schema:

|–∪|–∪|–∪∪|– |
∪|–∪|–∪|–∪|– |
|–∪∪|– |^|^|
∪|–∪∪|–∪∪|–∪|^|
|–∪∪|–∪|–∪∪|–||

Nun macht man eine überraschende Entdeckung: Der neu entstandene dritte Vers (nach „Hauch“) enthält eine lange Pause von zwei vollen Takten, der vierte (nach „Walde“) immer noch eine von einem ganzen Takt (dargestellt durch das Pausenzeichen ^). Liest man den Text dementsprechend, und zwar mit Stimme, kommt man leicht dem eigentlichen Geheimnis dieses zauberhaften lyrischen Gebildes auf die Spur: Mitten im Text tut sich zweimal ein Raum der Stille auf. Wie bei einer Generalpause in einem Musikstück halten alle spontan den Atem an und warten auf den Neueinsatz. Hier aber bei Goethe ist das ganze kleine Werk um diese Stille herumkomponiert.

Achtet man auf den Inhalt der Worte, die diesen geheimnisvollen Raum umstehen, sieht man: Schon ganz zu Beginn wie auch am Ende herrscht Ruhe; näher am Mittelpunkt spürt man „kaum einen Hauch“, und dahinter ist Schweigen angesagt. Alles besteht nur aus Ruhe, Schweigen und Stille. Das Einzige, was Geräusch zu nennen auch schon übertrieben wäre, ist kaum ein Hauch! Nimmt man aber dieses Wort unter die Lupe, das unmittelbar vor der großen Pause steht, erkennt man, dass es lautmalend (onomatopoetisch) genau das wiedergibt, was es meint; dass Zeichen und Bezeichnetes hier nahezu identisch sind: h...ch. Und selbst dieser leise Hauch verweht unmittelbar danach in der atemlosen Stille, die das wahre Geheimnis dieses scheinbar so kleinen, in Wahrheit so unendlich großen Textes ist.

Eigentlich ist damit das Wesentliche zur Interpretation dieses Gedichts schon gesagt, aber damit niemand auf den verwegenen Gedanken komme, das wäre alles, sind noch weitere Untersuchungen nötig. Bezieht man Satzbau und Reime mit in die Betrachtung ein, erlebt man eine neue Überraschung:

Das Reimschema ist: a – b – a – b – c – d – d – c.

Das ergibt zwei kleine vierzeilige Strophen, also eine Trennlinie zwischen Vers 4 und 5. Die erste Satzreihe, bestehend aus drei kleinen Hauptsätzen, endet dagegen erst mit Vers 6. Die Trennlinie verläuft hier zwischen Vers 6 und 7. Hier haben wir auch eine Pause festgestellt, aber die eigentliche Pause ist einen Vers früher gemacht.

Schematisch sieht das so aus:

Satzbau:	Satzreihe	Vers 1	Reimschema:
		Vers 2	
		Vers 3	1. Strophe
		Vers 4	
		Vers 5 || große Pause	
		Vers 6 | kleine Pause	2. Strophe
	Hauptsatz	Vers 7	
		Vers 8	

Das kleine Gebilde weist also drei unterschiedliche Trennlinien auf, nämlich – je nach Betrachtungsweise – nach Vers 4, 5 und 6. Ein ungestörter Zusammenhang bleibt somit nur zwischen den ersten vier und den letzten beiden Versen; dazwischen ist eine Bruchzone, die sicherlich etwas zu bedeuten hat. Achtet man auf den Inhalt, sieht man, dass das Gedicht aus einem relativ langen Natureingang von sechs Versen und einer persönlichen Aussage von nur zwei Versen besteht. Im Natureingang herrscht völliger Friede; da ist alles zur Ruhe gekommen. Aber der Schluss verrät, dass der Dichter selbst diese Ruhe noch nicht gefunden hat; er hofft nur darauf. Dadurch entsteht zwischen beiden Teilen eine kaum merkliche Spannung, die sich jedoch genau an dem als „Bruchzone" charakterisierten Übergang ablesen lässt.

Wie man sieht, ist dieses kleine, kostbare Gebilde *Ein Gleiches* nur zum Schein einfach, in Wahrheit aber äußerst komplex. Es gleicht darin manchen Melodien von Mozart, von denen die Kenner sagen, sie hörten sich zwar ganz einfach an, seien aber nur von einem großen Genie zu komponieren gewesen. So ist es denn kein Wunder, dass dieses kleine Werk Goethes zu den ganz großen Kostbarkeiten der deutschen Lyrik gezählt wird.

2.8 Reim

Ein Reim ist der Gleichklang zweier Wörter vom Vokal der letzten betonten Silbe an. Diese kann die Stammsilbe eines ein- oder mehrsilbigen Wortes sein; im ersten Fall ergibt sich ein starker (oder männlicher) Reim, z. B. Hand/Land oder gut/Mut, im zweiten ein schwacher (oder weiblicher) Reim: Reben/Leben oder umfassen/verlassen o. Ä. Da im Deutschen Reimwörter nicht so häufig sind wie etwa im Italienischen, ist die Auswahl möglicher Reimpaare oft recht begrenzt, und es ergeben sich die banalen Reime Herz/Schmerz oder Rosen/kosen. Manchmal ist kaum ein Reimwort aufzutreiben, und man muss schon besondere Kunststücke vollbringen, um ein Reimpaar zu finden, so wie etwa **Peter Rühmkorf** in seinem *Lied der Benn-Epigonen*:

„Die schönsten Verse der Menschen –
nun finden Sie schon einen Reim! –
sind die Gottfried Bennschen:
Hirn, lernäischer Leim –
…"

Viele Schüler neigen dazu, bei Reimen nur darauf zu achten, ob es sich um Paarreim (a a b b usw.) oder Kreuzreim (a b a b) oder umschließenden Reim (a b b a) handelt. Das schreiben sie dann auch brav in ihre Aufsätze, aber was ergibt sich daraus? Unter uns gesagt: gar nichts! Für die Interpretation ist eine solche Feststellung meist völlig bedeutungslos. Man kann von daher so gut wie nie auf den Inhalt schließen oder irgendwelche überzeugende Verknüpfung herstellen.

Trotz allem können Reimwörter – nicht das Reimschema! – bisweilen einen passablen Zugang zu einem Gedicht öffnen. Man muss sich nur klar machen, dass die Suche nach Reimwörtern die Vorstellungen des Dichters (bewusst oder unbewusst) mitbestimmt. Hat sich ein Dichter entschlossen, eine Aussage in Reimen zu machen, ist er nicht mehr völlig frei, seinen Gedankengängen oder seiner Vorstellungskraft zu folgen, vielmehr lenkt, ja gängelt die Sprache durch ihren begrenzten Vorrat an Reimwörtern den Fortgang der Verse. Anders ausgedrückt: Gerade durch den Reim bekommt die Sprache selbst ein größeres Mitbestimmungsrecht bei der Formulierung eines Textes als sonst bei der Prosa oder bei der reimlosen Lyrik. Wenn man also die ganz spezifische Sprachgestalt eines Gedichts analysieren will, muss man eben doch auch auf die Worte achten, welche die Reime bilden. Nicht in jedem Fall lassen sich daraus weit reichende Schlüsse ziehen, manchmal aber doch. (Man muss es nur ausprobieren.)

2.8.1 Günter Eich:
Latrine

Über stinkendem Graben,
Papier voll Blut und Urin,
umschwirrt von funkelnden Fliegen,
hocke ich in den Knien,

den Blick auf bewaldete Ufer,
Gärten, gestrandetes Boot.
In den Schlamm der Verwesung
klatscht der versteinte Kot.

Irr mir im Ohre schallen
Verse von Hölderlin.
In schneeiger Reinheit spiegeln
Wolken sich im Urin.

‚Geh aber nun und grüße
die schöne Garonne –'
Unter den schwankenden Füßen
schwimmen die Wolken davon.

Eich geht in diesem Gedicht sehr sparsam mit dem Reim um: Die Verse 1 und 3 jeder Strophe bleiben reimlos; nur in der 4. Strophe findet sich eine Assonanz (grüße/Füßen). So kommt er im ganzen Gedicht mit nur vier Reimpaaren aus: Urin/Knien, Boot/Kot, Hölderlin/Urin, Garonne/davon.

Das wäre an sich noch nicht weiter auffällig, wenn nicht die Auswahl der Reimwörter so ungewöhnlich wäre: In den vier Reimpaaren erscheint zweimal „Urin" und einmal „Kot"! Und zur besonderen Provokation wird „Urin" auch noch auf „Hölderlin" gereimt. Da Günter Eich damals schon als Lyriker bekannt war, dürfte er es nicht nötig gehabt haben, durch Unflätigkeiten auf sich aufmerksam zu machen. Es muss also tiefere Gründe geben, weshalb er so auffällig reimt.
Dass die Reimwörter „Kot" und „Urin" direkt mit dem Titel *Latrine* zusammenhängen, ist leicht erkennbar. (Anm. Eine Latrine ist eine offene Abortgrube, nur mit dem sog. Donnerbalken versehen, wie sie an der Front oder in Gefangenenlagern üblich war und ist.) Aber wie kommt der Dichter, der da „in den Knien" hockt und seine Notdurft verrichtet, ausgerechnet auf Hölderlin? Die nächstliegende Erklärung ist, dass ihm beim „Blick auf bewaldete Ufer,/Gärten, gestrandetes Boot" zufällig ein paar Hölderlin-Verse einfallen:
„Geh aber nun und grüße
die schöne Garonne – "

Der tiefere Grund könnte der sein, dass gerade im Zweiten Weltkrieg einige Hölderlin-Gedichte sehr oft zitiert und zu Propagandazwecken eingesetzt wurden, vor allem die Ode *Gesang des Deutschen* mit dem Einleitungsvers „O heilig Herz der Völker, o Vaterland!" und die Ode *Der Tod fürs Vaterland* mit den Schlussversen
„(...) Lebe droben, o Vaterland,
Und zähle nicht die Toten! Dir ist,
Liebes! nicht Einer zuviel gefallen."

Für junge Leute, die mit soviel Idealismus in den Krieg gezogen waren und nun, an der Front oder in der Gefangenschaft, buchstäblich in der Scheiße saßen, müssen jene Verse wie Hohn geklungen haben. Der provozierende Reim Hölderlin/Urin ist dadurch sehr wohl begründet.
Man sollte dennoch nicht übersehen, dass der letzte Reim Garonne/davon vergleichsweise versöhnlich klingt. Zwar fällt der Blick immer noch in den trüben Spiegel der Latrine, aber was er erfasst, sind Wolken. Und die Erinnerung an Hölderlin spendet vielleicht doch auch ein wenig Trost.
(Anm. Eine komplette Interpretation dieses Gedichts findet sich im 2. Teil dieses Bandes.)

2.8.2 Joseph von Eichendorff: *Auf meines Kindes Tod* (8. Teil)

Es gibt für Eltern nichts Schlimmeres, nichts Grausameres als den Tod eines ihrer Kinder. Eichendorff hat dieses Unheil auch getroffen, und er hat versucht, es in Versen zu verarbeiten. Als Beispiel aus seinem zehnteiligen Gedicht hier der 8. Teil:

Von fern die Uhren schlagen,
Es ist schon tiefe Nacht,
Die Lampe brennt so düster,
Dein Bettlein ist gemacht.

Die Winde nur noch gehen
Wehklagend um das Haus,
Wir sitzen einsam drinnen
Und lauschen oft hinaus.

Es ist, als müsstest leise
Du klopfen an die Tür,
Du hättst dich nur verirret,
Und kämst nun müd zurück.

Wir armen, armen Toren!
Wir irren ja im Graus
Des Dunkels noch verloren –
Du fandst dich längst nach Haus.

Das Reimschema ist:

1. Str. w – a – w – a
2. Str. w – b – w – b
3. Str. w – w – w – w
4. Str. c – d – c – d

Das besagt ziemlich viel: In den ersten beiden Strophen findet sich je ein Reimpaar, in der letzten zwei, aber dazwischen bricht der Reim völlig ab: Alle vier Verse sind so genannte Waisen (w). Wie kommt es, dass einen so versierten Lyriker wie Eichendorff, der sonst fast immer reimt, auf einmal der Reim verlässt?
Die Antwort ist nicht schwer zu erraten. Schon die ersten beiden Reime – Nacht/gemacht und Haus/hinaus – sind recht gewöhnlich. Man spürt, dass es dem Dichter in seiner Trauer nicht darauf ankommt, Virtuosität zu demonstrieren, die hier wirklich nicht angebracht wäre. In der dritten Strophe aber ist er offensichtlich so vom Schmerz überwältigt, dass er überhaupt keinen Reim mehr zustande bringt! Es ist ihm ganz gleichgültig, dass hier nichts mehr zusammenklingt. Der Tod seines Kindes hat eine solche Dissonanz in sein Leben gebracht, dass ohnehin keine Reimkunst sie auflösen könnte. – Man denke ja nicht, Eichendorff hätte hier einen Kunstgriff angewendet! Wer auch nur ein wenig menschliches Mitgefühl aufbringt, muss spüren, dass hier ein gebrochener Mann spricht, ja eigentlich nur noch stammelt.
Woher aber kommt es, dass er in der letzten Strophe dann doch wieder zum Reim zurückfindet?

Woher nimmt er diese Kraft? – Aus seinem tiefen christlichen Glauben. Er ist überzeugt, dass sein Kind heimgefunden hat zu seinem himmlischen Vater, während er, sein irdischer Vater, im Dunkel dieser Welt zurückgeblieben ist.

Es gibt viele religiöse Gedichte in deutscher Sprache, großartige und bescheidene, laute und stille, geschwätzige und tiefe; wenn aber einer nach einem Punkt sucht, wo christlicher Glaube ganz spontan, ganz unpathetisch, ganz natürlich zum Ausdruck kommt, hier in dieser kleinen Strophe kann er ihn finden.

2.8.3 Rainer Maria Rilke: *Der Abenteuerer*

I
Wenn er unter jene welche waren
trat: der Plötzliche, der schien,
war ein Glanz wie von Gefahren
in dem ausgesparten Raum um ihn,

den er lächelnd überschritt, um einer
Herzogin den Fächer aufzuheben:
diesen warmen Fächer, den er eben
wollte fallen sehen. Und wenn keiner

mit ihm eintrat in die Fensternische
(wo die Parke gleich ins Träumerische
stiegen, wenn er nur nach ihnen wies),
ging er lässig an die Kartentische
und gewann. Und unterließ

nicht, die Blicke alle zu behalten,
die ihn zweifelnd oder zärtlich trafen,
und auch die in Spiegel fielen, galten.
Er beschloss, auch heute nicht zu schlafen

wie die letzte lange Nacht, und bog
einen Blick mit seinem rücksichtslosen,
welcher war: als hätte er von Rosen
Kinder, die man irgendwo erzog.

Vielleicht kennt der eine oder andere schon den Begriff „Enjambement". Er bedeutet das Überschreiten des Verses durch den Satzbau. Ein Satz oder Nebensatz endet

hier nicht am Versende, sondern greift auf den nächsten oder übernächsten Vers, manchmal sogar auf die nächste Strophe über. Ist das Gedicht gereimt, bedeutet dies zugleich, dass die Reime nicht am Satzende, sondern irgendwo im Satz auftreten. Dadurch kommt zum Eindruck des Fließenden, Gleitenden, den das Enjambement vermittelt, noch ein gewisser Überraschungseffekt: Der Reim erscheint oft an einer Stelle im Satz, wo man ihn wirklich nicht vermutet hätte.
Ein Meister dieser Technik ist Rilke, wie sein Gedicht *Der Abenteuerer* beweist. Nur zweimal in diesen fünf Strophen endet ein Satz am Versende (in 16 und 21), nur ein einziges Mal am Strophenende, und zwar dort, wo es wirklich unvermeidlich ist, nämlich ganz am Schluss. Die Sätze fließen durch die Strophen hindurch wie Wasser durch ein Sieb; man kann zwar dieses Sieb, d. h. die Struktur der Strophen, optisch deutlich erkennen, aber akustisch erscheint es allein durch die Reime, nicht im Satzbau.
Die Perfektion dieser Technik bei Rilke hat vor allem zwei Wirkungen: Erstens kann jede Wortart wie zufällig das Reimwort bilden. Am Anfang des Finalsatzes „um einer Herzogin ..." tritt z. B. nicht das Substantiv „Herzogin" in den Reim, sondern der Artikel „einer". In dem Hauptsatz „Und unterließ nicht, ..." steht nicht, wie man erwarten sollte, die Negation „nicht" im Reim, sondern das Verb, welches von seiner Negation getrennt wird. Dadurch bleibt man am Ende dieser Strophe für einen Augenblick im Unklaren, ob die Aussage nun positiv oder negativ gemacht wird.
Zweitens sieht sich Rilke nie gezwungen, den Satzbau umzustellen, um den Satz mit sanfter Gewalt noch irgendwie in den Vers hineinzuquetschen, wie es sonst oft zu beobachten ist. Da gibt es keine unnötige Inversion, da wird kein Pronomen hineingeflickt, wo bereits ein Subjekt da ist („... und die Treue, sie ist ..."); da geht alles seinen ganz natürlichen Gang, als wäre es die selbstverständlichste Sache der Welt, dass sich Satz- und Versrhythmus niemals in die Quere kommen.

Aber was lässt sich nun für die Interpretation dieses Gedichts daraus entnehmen? Doch einiges, wie ich meine. Der Abenteurer, den Rilke im Auge hat, ist ja offensichtlich keiner, der unter schwierigsten Bedingungen ferne Länder durchstreift und sich dabei allen möglichen Gefahren aussetzt, er bewegt sich vielmehr in der vornehmen Gesellschaft (in der Umgebung einer Herzogin), in einem Schloss oder Palais, durch dessen Fenster man in einen Park hinausblickt und in dessen Spiegeln man sich und die anderen um sich beobachten kann. Er ist ein Spieler und scheint Eindruck auf Frauen zu machen. Recht ungeniert bewegt er sich in einer adligen Gesellschaft, zu der er möglicherweise gar nicht eigentlich gehört und der er sich auch eigenwillig, sogar „rücksichtslos" zu entziehen weiß.
Dieser Mann ist also kein Abenteurer im gewöhnlichen Sinn, sondern einer, der seine Herausforderung in der höheren Gesellschaft sucht, in der er sich ganz souverän bewegt, ohne sich von ihr blenden oder vereinnahmen zu lassen. Er bleibt Außenseiter, fremd, rätselhaft, wie der irritierende Schluss „(...) als hätte er von Rosen / Kinder (...)" andeutet.
Wenn man so viel begriffen hat, erkennt man auch, was der notorische Gebrauch des Enjambements in diesem Gedicht symbolisiert: Die Souveränität, mit der Rilke

hier Satzbau und Versmaß handhabt, entspricht genau der lässigen Überlegenheit, mit welcher sich dieser sog. Abenteurer in der Gesellschaft bewegt. Der ungewöhnliche lyrische Stil ist also nicht Selbstzweck, sondern Ausdruck des Charakters dieser zugleich rätselhaften und faszinierenden Person.
Eine Gesamtinterpretation dieses Rilke-Gedichts ist damit aber noch nicht geliefert und auch gar nicht möglich, denn es fehlt der noch umfangreichere zweite Teil, der erst den Sinn des Ganzen erschließt. Der Zweck dieses Interpretationsansatzes ist hier lediglich, zu zeigen, dass die Untersuchung von Reim oder Reimtechnik u. U. eine wertvolle Stütze einer Gedichtinterpretation sein kann.

2.9 Laute / Friedrich Hölderlin: *Hälfte des Lebens*

Die kleinsten Elemente der Sprache, gewissermaßen ihre Atome, sind die Laute: Konsonanten, Vokale und Halbvokale. Isoliert ergeben sie keinen Sinn, wenn man von ein paar Ausrufen wie „ah!" und „oh!" absieht. Erst Lautkombinationen, nämlich Wörter, erscheinen als Träger von Bedeutung. Darum lässt sich auch aus den Lauten eines Gedichts i. Allg. wenig herauslesen.
Dennoch sind bestimmte Laute in der Lyrik nicht ganz bedeutungslos, wie wir schon beim Reim gesehen haben, der ja eine Parallelität bestimmter Laute voraussetzt:
str – e – b – e – n
kl – e – b – e – n
l – e – b – e – n
Erdb – e – b – e – n
Noch deutlicher wird dies beim Stabreim (Alliteration), der durch den identischen Anlaut von Stammsilben zustande kommt. Er spielt im Neuhochdeutschen allerdings kaum noch eine Rolle, abgesehen von alten Formeln wie: Land und Leute, Haus und Hof, Kind und Kegel, Mann und Maus u. ä. In germanischer und althochdeutscher Zeit stellte er dagegen die übliche Form des Reims dar, etwa im Hildebrandslied:
„... sunufatarungo iro saro richtun,
garutun se iro gûdhamun gurtun sih iro suert ana,
helidos, uber hringa, dô sie tô dero hiltiu ritun."

Der Stabreim signalisiert, welche Wörter im Vers besonders hervortreten sollen, aber ähnlich wie beim Endreim lässt sich daraus für die Interpretation nicht allzu viel gewinnen.
Werden Laute nicht zu Wörtern gefügt, sondern frei kombiniert, entstehen Gebilde wie das berühmte ***Ango Laina*** von **Rudolf Blümner:**
„Oiaí laéla oía ssísialu
ensúdio trésa súdio mischnumi
ja lon stuáz

brorr schjatt
oiázo tsuígulu
ua sésa masuó tülü
ua sésa maschiató toró
oi séngu gádse ándola
oi ándo séngu
séngu ándola
oi séngu
gádse
ina
leíola
kbaó
sagór
kadó"

Damit man es überhaupt lesen kann, hat es der Autor mit Akzenten versehen. Die Frage, ob es interpretierbar sei, lässt sich nur beantworten, wenn die Vorfrage geklärt ist, ob es sich um eine Sprache handelt. Weite Passagen könnte man vielleicht für Polynesisch halten, aber „brorr schjatt" klingt eher slawisch. Folgerung: Das Ganze ist wohl ein experimenteller Text, ein Spiel mit Lauten und Lautkombinationen, mit Pseudowörtern ohne Bedeutung. Deshalb ist es auch nicht interpretierbar.

Merke:
Was nichts besagt, darüber lässt sich auch nichts sagen.

Manchmal wird in einem Gedicht lautmalerisch mit Worten gespielt, etwa in dem bekannten Weihnachtslied *Kling, Glöckchen, klingelingeling…* oder in einer der beliebtesten deutschen Balladen: ***Lenore*** von **Gottfried August Bürger**, wo solche Passagen vorkommen:
„Und draußen, horch! gings trapp trapp trapp,
Als wie von Rosses Hufen…" oder
„Und hurre hurre, hopp hopp hopp!
Gings fort in sausendem Galopp,
Dass Ross und Reiter schnoben
Und Kies und Funken stoben."

Mit solchen Lautmalereien lässt sich beim Rezitieren zweifellos ein hübscher Effekt erzielen – eine Ballade ist ja auch für den mündlichen Vortrag in einem geselligen Kreis gedacht –, aber weiter sollte man daraus keine Folgerungen ableiten. Es gibt aber doch Gedichte, die weit subtiler mit der Klangqualität der Worte operieren, sodass man, wenn man nur genau genug hinhört, allein aus dem Klang der Verse gewisse Schlüsse ziehen darf. Ich denke hier z. B. an ein Gedicht Hölderlins.

Friedrich Hölderlin:
Hälfte des Lebens

Mit gelben Birnen hänget
Und voll mit wilden Rosen
Das Land in den See,
Ihr holden Schwäne,
Und trunken von Küssen
Tunkt ihr das Haupt
Ins heilignüchterne Wasser.

Weh mir, wo nehm ich, wenn
Es Winter ist, die Blumen, und wo
Den Sonnenschein,
Und Schatten der Erde?
Die Mauern stehn
Sprachlos und kalt, im Winde
Klirren die Fahnen.

Man mache einmal eine Art Selbstexperiment und lese sich das Gedicht (mit lauter Stimme) so vor, als verstünde man kein Wort davon, und höre dabei ganz bewusst nur auf den Klang der Vokale. Wenn einem dabei die „Vokalmusik" noch nicht ganz aufgeht, macht man sich einen Überblick über die betonten Vokale, etwa so:

ä – i – ä
o – i – o:
a – e:
o – ä:
u – ü
u – ao
ai – ü – a

---

e: – e: – e
i – u: – o:
o – ai
a – e
au – e:
a – a – i
i – a:

(ä steht für offenes e, auch wo es im Wort als e geschrieben ist, ao und ai (eigentlich ae) für die offenen Diphthonge, ei und au für die geschlossenen, der Doppelpunkt bedeutet Länge.)

Man erkennt leicht, dass die erste Strophe einen ganz anderen Vokalklang, gewissermaßen eine andere Tonart hat als die zweite. In der ersten kehren die beiden Anfangsverse jeweils zu dem einmal angeschlagenen Ton oder Vokal zurück, bevor mit a und e ganz neue Töne erklingen. Darauf folgen eine Art Variation (o – ä) und eine sanft auf- und abwärts gleitende Passage: Das ü verhält sich nämlich zum u wie in der Musik ein cis zum c oder ein fis zum f, d. h. es klingt eine Nuance höher, die Diphthonge ao und ai dagegen etwas dumpfer, schwerer. So schwebt die Passage der Verse 5 bis 7 angenehm auf und ab (u – ü – u – ao – ai – ü), bevor sie mit einem klaren, eindeutigen a ihren Schlusston findet.
Die zweite Strophe setzt in einer ganz anderen Tonart ein, mit zwei langen und einem kurzen e, in e-Moll sozusagen. In den Versen 4 und 5 kehrt dieses e wieder. Dazwischen klingen (in Vers 2 und 3) etwas angenehmere Töne auf (i – u: – o: – o – ai). Die Schlussverse dagegen wirken mit ihren weiten Tonsprüngen zwischen a und i schrill und abweisend.
Um diese Analyse richtig zu verstehen, muss man vielleicht das **Vokaldreieck** zu Hilfe nehmen, das die Stellung der Vokale zueinander schematisch darstellt.

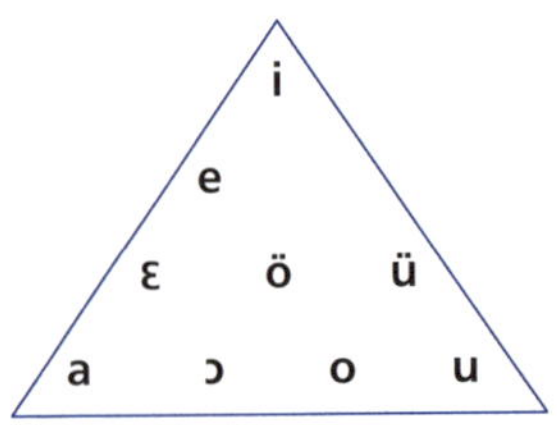

(ɛ = offenes e, ɔ = offenes o)

Man sieht, dass a, i und u die Eckpunkte bilden, also am weitesten auseinander liegen, während sich die übrigen Vokale dazwischen anordnen lassen.
Während nun der Vokalismus der ersten Strophe fast gleichmäßig das ganze Dreieck ausfüllt, beschränkt sich der der zweiten fast ganz auf die eine Seite von a bis i. Ausgenommen sind nur die Verse zwei und drei, die auch inhaltlich auf die erste Strophe verweisen. So klingt in den Vokalen sehr deutlich die ganz unterschiedliche Stimmung der beiden Jahreszeiten wieder, des farbigen, warmen, üppigen Spätsommers und des kargen, kalten, unerfreulichen Winters. Die Vokale erzeugen also die genau zum Inhalt der Strophen passende Begleitmusik.

Es könnte vielleicht jemand einwenden, das sei Zufall; aber ich glaube nicht daran. Warum denn wählt Hölderlin ausgerechnet Birnen statt der üblichen Äpfel, warum wilde und nicht edle Rosen? Warum „klirren" die Fahnen? Mir scheint, dass der Dichter die Wörter nicht allein, aber doch auch nach ihrer Klangqualität ausgewählt hat. Die überzeugende Harmonie von Inhalt und Klang wäre ganz von selbst wohl nie zustande gekommen.
Trotz allem ist es, wie man sieht, kaum möglich, eine vollständige Interpretation auf dem Lautbild eines Gedichts aufzubauen. Wo aber, wie im Fall dieses Hölderlin-Gedichts, der Vokalklang so vollkommen mit dem Inhalt übereinstimmt, wo man

wie hier die gegensätzliche Stimmung der beiden Strophen tatsächlich heraushören kann, besagt dies nicht allein etwas über den Inhalt, sondern auch über die Qualität dieses wunderbaren lyrischen Textes, der über jede Kritik erhaben ist. Da findet man nichts von der kindischen Lautmalerei eines „Klingelingeling" oder der Programmmusik einer *Lenore*; das ist ein anderes Niveau! Ein Gedicht wie *Hälfte des Lebens* kann nur das Werk eines wirklich großen Lyrikers sein.

2.10 Sprachspiele

Im Allgemeinen ist die Sprache nur das Medium, nicht der Gegenstand eines Gedichts. Aber vor allem in der modernen Dichtung kann es auch vorkommen, dass die Sprache selbst die Welt ist, mit der sich das Gedicht befasst. Was dabei herauskommt, ist jedoch keine Sprachphilosophie, sondern schlichtweg ein Spiel mit Sprachelementen: mit Wörtern, Redewendungen, Sprichwörtern oder ähnlichen stereotypen Aussagen. Ein gutes Beispiel dafür ist ein Text von Kurt Schwitters.

2.10.1 Kurt Schwitters: *Banalitäten aus dem Chinesischen*

Fliegen haben kurze Beine.
Eile ist des Witzes Weile.
Rote Himbeeren sind rot.
Das Ende ist der Anfang jedes Endes.
Der Anfang ist das Ende jedes Anfangs.
Banalität ist aller Bürger Zier.
Das Bürgertum ist jedes Bürgers Anfang.
Würze ist des Witzes Kürze.
Jede Frau hat eine Schürze.
Jeder Anfang hat sein Ende.
Die Welt ist voll von klugen Leuten.
Kluge ist dumm.
Nicht alles, was man Expressionismus nennt, ist Ausdruckskunst.
Dumme ist klug.
Kluge bleibt dumm.

Wenn man herausfinden will, was Schwitters da angestellt hat, muss man zunächst einmal die „Banalitäten", d. h. die banalen Aussagen herausfinden, die der Autor in seinem Text verarbeitet hat:
„Lügen haben kurze Beine."
„Eile mit Weile!"

„Das ist der Anfang vom Ende."
„In der Kürze liegt die Würze."
(„Da bin ich wieder einmal der Dumme.")

Dieses Rohmaterial (wenn man so sagen darf) wird nun auf verschiedene Weise verarbeitet und verfremdet. Im ersten Vers werden so aus „Lügen" „Fliegen" (was schon phonetisch nahe liegt) und die ursprüngliche, durchaus problematische Aussage wird tatsächlich banalisiert: Was ließe sich schon gegen die Behauptung einwenden, Fliegen hätten kurze Beine!
In die Aufforderung „Eile mit Weile" wie auch in die Aussage „In der Kürze liegt die Würze" wird jeweils der Begriff „Witz" eingeschmuggelt, ohne dass man eine logische Begründung dafür entdecken könnte. Die Verse 4 und 5 jonglieren einfach mit den Begriffen „Anfang" und „Ende"; dasselbe Spiel wird in vier von den letzten fünf Versen mit dem Gegensatzpaar „klug" und „dumm" gespielt. Die Behauptung „Jede Frau trägt eine Schürze" ist offensichtlich nur durch den Reim Kürze/Schürze provoziert. Der Satz „Rote Himbeeren sind rot" ist eine schlichte Tautologie.
Alles zusammen ist nichts als Spielerei und müsste nicht weiter untersucht werden, wenn da nicht überraschenderweise im drittletzten Vers eine ganz ernsthafte Aussage gemacht wäre:
„Nicht alles, was man Expressionismus nennt, ist Ausdruckskunst."
Das ist eine kritische Anmerkung zum damals vorherrschenden expressionistischen Stil. Eigentlich wollten die Künstler des Expressionismus „Ausdruckskunst" machen, aber Schwitters bezweifelt offenbar, dass es ihnen durchweg gelänge. – Seine Bemerkung lässt erkennen, dass er sich (wie andere Dadaisten auch) vom Pathos der expressionistischen Kollegen distanziert. Deren emphatisches Wortgetöse überzeugt ihn anscheinend nicht. Eben deshalb produziert er „Banalitäten".
Ist man einmal darauf gestoßen, dass sich hinter Schwitters' Clownerie doch etwas Ernsthaftes verbirgt, beachtet man vielleicht auch den Satz:
„Banalität ist aller Bürger Zier."
Damit wird bürgerlicher Lebensstil als banal abqualifiziert. Schwitters deutet damit indirekt auch die eigene Distanz zum Bürgertum und zur sog. bürgerlichen Kunst an. Darin ist er allerdings nicht sonderlich originell: Schon die Romantiker der 1. Hälfte des 19. Jahrhunderts und vor ihnen die Stürmer und Dränger der 70er Jahre des 18. Jahrhunderts pflegten diesen antibürgerlichen Affekt. Es bleibt also nicht viel Substanz übrig, wenn man die *Banalitäten aus dem Chinesischen* genauer unter die Lupe nimmt. Sie waren wohl auch von vornherein als Jux gedacht, und als solcher sind sie auch heute noch genießbar.

2.10.2 Hans Arp: *Opus Null*

Schwerer macht es einem da Hans Arp mit seinem *Opus Null*, dessen erster Teil lautet:

Ich bin der große Derdiedas
das rigorose Regiment
der Ozonstengel prima Qua
der anonyme Einprozent.
Das P. P. Tit. und auch die Po
Posaune ohne Mund und Loch
das große Herkulesgeschirr
der linke Fuß vom rechten Koch.
Ich bin der lange Lebenslang
der zwölfte Sinn im Eierstock
der insgesamte Augustin
im lichten Zellulosenrock.

Abgesehen von Anleihen aus der damaligen Geschäftskorrespondenz wie „P. P. Tit." oder „prima Qua" (was wohl für „Qualität" steht) ist nichts Konkretes auszumachen. Die skurrilen Einfälle werden zwar durch den Reim, aber sicherlich durch keinen Sinn verbunden. Zwar könnte man bei „Ozonstengel" an einen Glimmstängel denken oder im vorletzten Vers an das Lied vom „lieben Augustin", aber man muss sich so viel Mühe nicht machen. Wenn sich ein Hans Arp in den Kopf gesetzt hat, Unsinn zu schreiben, muss man nicht mit Gewalt einen Sinn hineinlegen.
Der Dadaismus wollte, ähnlich wie der Futurismus, mit jeder Kulturtradition brechen. Ein Text wie *Opus Null* ist allenfalls als Parodie auf konventionelle Gedichte, nicht jedoch als Gedicht zu lesen. Dieser Text ist wahrscheinlich als Tabubruch gemeint und nur als solcher zu verstehen. Darüber hinaus gibt es da nichts zu interpretieren.

3. Gedichtanalyse / Analyse des Inhalts
3.1 Einleitung

Die meisten Leute neigen dazu, an einem Gedicht vor allem den Inhalt zu sehen, denn das ist die natürlichste Art, einen Text zu verstehen. Man fragt sich: „Was ist denn da gesagt?" Oder: „Was hat der Dichter da an Gedanken und Gefühlen zum Ausdruck gebracht?" – Grundsätzlich ist nichts dagegen einzuwenden, vorausgesetzt, man vergisst nicht, die formale Seite eines Gedichts in die Betrachtung mit einzubeziehen.
Geht man bei der Interpretation vom Inhalt aus, können zwei Arten von Schwierigkeiten auftreten: Entweder ist dieser Inhalt so leicht verständlich, dass man kaum weiß, was man dazu noch sagen soll, oder er ist so dunkel, so rätselhaft, dass man nicht viel damit anfangen kann. Der eine Fall ist häufig bei klassischen oder romantischen, der andere bei modernen Gedichten gegeben. Im einen besteht die Gefahr, eine Art Nacherzählung zu schreiben, d. h. den lyrischen Text in Prosa zu übertragen, im anderen, der Phantasie freien Lauf zu lassen und alles, was man nicht versteht, durch (manchmal recht wilde) Spekulationen zu ersetzen. Eins ist so falsch wie das andere.

Darum merke:
Die Nacherzählung eines Gedichts ergibt noch lange keine Interpretation. Vermutungen über den Inhalt dürfen zwar zum Ausdruck gebracht, müssen aber immer am Text überprüft werden. Kann man keine Bestätigung dafür finden, sind sie ausdrücklich zurückzunehmen.

Der Gegenstand eines Gedichts kann aus der äußeren oder aus der inneren Welt genommen sein oder eine Verbindung beider, eine Brücke zwischen ihnen darstellen. Im ersten Fall könnte man von einem **„Sachgedicht"** sprechen (wofür es etwa bei Rilke viele Beispiele gibt), im zweiten von einem **„Stimmungsgedicht"** oder vielleicht besser von einem „Seelengedicht". (Dieser Ausdruck ist allerdings nicht üblich.) Der dritte Fall ist beim klassischen deutschen **Naturgedicht** gegeben, wo Natur und Seele im Einklang sind. (Typisch dafür ist Goethes Naturlyrik.) Aber man sollte es mit einer solchen Systematik nicht übertreiben. Gute Gedichte lassen sich nicht ohne weiteres in solchen Gedankenschubladen unterbringen.
Dennoch kann es, wenn man nach einem Einstieg in die Interpretation sucht, hilfreich sein zu fragen, ob der Gegenstand des Gedichts eher in der äußeren oder der inneren Welt zu suchen sei. Da der Mensch die äußere Welt mit seinen fünf Sinnen erfasst, kann man u. U. weiterfragen, welcher Sinn daran vornehmlich oder gar ausschließlich beteiligt ist. Es gibt z. B. Gedichte, die ganz in der optischen Wahrnehmung der Welt wurzeln, und andere, bei denen sich der Dichter offenbar zuerst auf

sein Gehör verlassen hat. Auch Düfte, die der Geruchssinn wahrnimmt, können eine Rolle spielen. Nicht zuletzt ist das Gefühl der Sinn, welcher oft die eigentliche Quelle lyrischer Wahrnehmung darstellt, wobei freilich die Grenzen zwischen äußerer und innerer Welt gewöhnlich überspielt werden. – Ist die Welt vor allem im Licht des Verstandes gesehen, entsteht eben **Gedankenlyrik**, die hier nicht weiter betrachtet wird, da sie sich eher für Texterörterungen als für Gedichtinterpretation eignet.
Man könnte, wenn man die Systematik weiter vervollständigen will, auch noch zwischen diesseitiger und jenseitiger (metaphysischer) Welt unterscheiden, denn es gibt in unserer Literaturgeschichte vom frühen Mittelalter über den Barock und die Romantik bis zu einigen modernen Autoren auch einen breiten Strom religiöser Lyrik, der allerdings dem gegenwärtigen Zeitgeist wenig entspricht und daher auch nur geringe Beachtung findet. Andererseits ist das **religiöse Gedicht** als Zwiesprache einer Seele mit Gott doch ein wesentlicher Teil dessen, was vorher mit „Seelengedicht" gemeint war: eher Ausdruck einer inneren als einer äußeren Welt, was aber nicht heißen soll, dass diese metaphysische Welt nicht real existierte. (Darüber zu philosophieren ist hier freilich nicht der richtige Ort.)

3.2 Die äußere Welt, optisch wahrgenommen / Conrad Ferdinand Meyer: *Der römische Brunnen*

Aufsteigt der Strahl, und fallend gießt
Er voll der Marmorschale Rund,
Die, sich verschleiernd, überfließt
In einer zweiten Schale Grund;
Die zweite gibt, sie wird zu reich,
Der dritten wallend ihre Flut,
Und jede nimmt und gibt zugleich
Und strömt und ruht.

Was lässt sich über ein Gedicht sagen, an dem alles so vollkommen klar scheint? Man sieht den klassischen römischen Drei-Schalen-Brunnen vor sich, der durch einen aus der Mitte der obersten Schale aufsteigenden Wasserstrahl gespeist wird. Die Schalen werden von Stufe zu Stufe abwärts immer größer, sodass das aus der höheren Schale überfließende Wasser von der nächsten aufgefangen werden kann. So strömt und fällt das Wasser sanft hinunter, bis es schließlich im Brunnenbecken – von dem im Gedicht nicht die Rede ist – zur Ruhe kommt. Das alles wird einem so klar vor Augen geführt, dass man kaum wahrnimmt, wie schwer es ist, dergleichen mit solcher Einfachheit und Prägnanz zum Ausdruck zu bringen.

Dass es selbst C. F. Meyer nicht leicht fiel, verrät eine frühere Fassung desselben Gedichts mit dem Titel ***Der schöne Brunnen***:

Der Springquell plätschert und ergießt
Sich in der Marmorschale Grund,
Die, sich verschleiernd, überfließt
In einer zweiten Schale Rund;

Und diese gibt, sie wird zu reich,
Der dritten wallend ihre Flut,
Und jede nimmt und gibt zugleich,
Und alles strömt, und alles ruht.

Da ist zunächst noch das Plätschern des Brunnens, also ein akustisches Element, miterfasst. Die Reimwörter „Rund" und „Grund" sind vertauscht. Die Wiederholung des Attributs „zweite" ist ängstlich vermieden. Und die Schlusszeile ist wie alle andern vierhebig und wiederholt das Wort „alles", das in der Endfassung gänzlich fehlt.
Man erkennt also deutlich, wie der Dichter seinen Entwurf vervollkommnet hat: Indem er das störende Plätschern ausschaltet, konzentriert er die ganze Wahrnehmung auf den optischen Eindruck. Nun erst sieht man die Gestalt und die Funktion dieses Brunnens ganz rein vor sich. Das Auge folgt von oben nach unten dem Weg des Wassers, wie er durch die drei Schalen vorgezeichnet ist. Die verkürzte, nur zweihebige Schlusszeile verlangsamt die Bewegung und bringt sie mit dem letzten Wort „ruht" zum Stillstand, sodass man am Ende den Brunnen (fast wie auf einer Fotografie) nur noch als Bild vor sich sieht.
In Wirklichkeit ist da aber Ruhe und Bewegung zugleich, am Beginn sogar gegenläufige Bewegung: Aufsteigen und Fallen. In einem ähnlichen Spannungsverhältnis befinden sich die Begriffe „geben" und „nehmen". Schließlich bezieht dieser Brunnen seine Faszination eben daraus, dass das Wasser gleichzeitig „strömt und ruht": Es strömt zwar fortwährend von einer Schale zur andern, zugleich aber scheint es in den einzelnen Schalen zu ruhen. Würde man das Wasser abstellen, käme der ganze Brunnen völlig zur Ruhe: Das Wasser würde unbewegt in den einzelnen Schalen ruhen und nur unmerklich, durch die Verdunstung, von Tag zu Tag weniger werden. Solange der Brunnen aber vom Wasserstrahl über ihm gespeist wird, bleibt er in Bewegung, ist lebendig und zieht die Blicke magisch auf sich.
Fragt man sich, was das Geheimnis dieser Magie sei, findet man als Antwort vielleicht, dass ein solcher Brunnen in seinem dynamischen Spannungsverhältnis von Ruhe und Bewegung einem sensiblen Betrachter als ein Symbol des Lebens erscheint. Man kann sich, indem man ihn schweigend betrachtet, beinahe in ihn hineinversetzen, spürt eine geheimnisvolle innere Verwandtschaft, sieht in ihm zumindest einen Spiegel des eigenen Lebens, das eine Zeitlang dahinströmt, bis es einmal ganz und für immer zur Ruhe kommt.

Beachte:

Man muss nicht unbedingt behaupten, dass C. F. Meyer genau das habe zum Ausdruck bringen wollen. Aber man darf doch vermuten, dass ihn beim Anblick eines solchen Brunnens ähnliche Gedanken und Gefühle bewegt haben. Er hätte sich sonst kaum solche Mühe gemacht, diesen Gegenstand in eine klassische Form zu bringen, wenn der nur schön und sonst ohne Bedeutung für ihn gewesen wäre. (Das ist eine persönliche Einschätzung, die man durchaus formulieren, aber grundsätzlich nicht als unumstößlich deklarieren darf.)

3.3 Die äußere Welt, akustisch wahrgenommen / Clemens Brentano: *Abendständchen*

Hör, es klagt die Flöte wieder,
Und die kühlen Brunnen rauschen;
Golden wehn die Töne nieder –
Stille, stille, lass uns lauschen!

Holdes Bitten, mild Verlangen,
Wie es süß zum Herzen spricht!
Durch die Nacht, die mich umfangen,
Blickt zu mir der Töne Licht.

Schon das erste Wort dieses Gedichts fordert zum Hören auf. Was ist zu hören? Flötentöne, Brunnenrauschen, Töne überhaupt, in diesen Tönen aber Bitten und Verlangen; denn ein Ständchen wird traditionell einer verehrten oder geliebten Person dargebracht, einer Angebeteten. Zu sehen ist nichts als scheinbar „der Töne Licht". Aber Töne kann man in Wahrheit nicht sehen. Die Aussage „[...] blickt zu mir der Töne Licht" ist Ausdruck der sog. Synästhesie, d. h. der Wahrnehmung eines Eindrucks durch zwei Sinne zugleich, meist durch Gesicht und Gehör. Diese Synästhesie wirkt bereits in einer Zeile der ersten Strophe:
„Golden wehn die Töne nieder –"
Auch hier wird einer eigentlich akustischen Wahrnehmung ein optischer Eindruck hinzugefügt. Das alles ändert nichts an der Tatsache, dass hier alles nur zu hören, nichts zu sehen ist. (Das Licht der Töne empfängt man auch mit geschlossenen Augen!)
Geht man der Frage nach, was hier tatsächlich vorgeht, stößt man auf Widersprüche: Der Titel kündigt ein *Abendständchen* an, aber in der zweiten Strophe ist es schon Nacht. Ein Ständchen wird gewöhnlich vor einem Haus auf der Straße gesungen oder gespielt, während die Person, der es gilt, im ersten Stock am Fenster oder auf einem Balkon steht; hier aber „wehn die Töne nieder". Die Bitte, die vorge-

tragen wird, gilt traditionell einer Frau; aber das lyrische Ich des Gedichts ist ein Mann, der allerdings nicht von seinem Herzen, sondern nur allgemein vom „Herzen" spricht. Jedenfalls wird man annehmen dürfen, dass hier keine reale Szene geschildert ist. Aber was dann?

Das in beiden Strophen vorkommende Stichwort „Töne" gibt einen Hinweis darauf. Auch die zweimalige Aufforderung zu hören bzw. zu lauschen deutet in dieselbe Richtung: Da ist gar kein Vorgang, sondern lediglich eine Stimmung. Es klagt und tönt und rauscht und spricht zum Herzen, „mild" und „süß"; da ist ein Verlangen nach etwas, was gar nicht genannt und wohl auch nicht zu benennen ist. Man wird hineingezogen in eine Nacht, die einen umfängt – mit Musik. Mit anderen Worten: Brentanos *Abendständchen* ist mehr als bloße Stimmungslyrik; es ist genuiner Ausdruck des romantischen Lebensgefühls der Allverbundenheit. Das Licht der Töne, das golden niederweht, ist Sphärenharmonie; und das Ich, das still wird, um ihr zu lauschen, ist ganz in Einklang damit.

Dieses Ständchen ist also ein romantisches und durch und durch musikalisches Gedicht (was beides ohnehin verwandt ist). Da wird kein Abendständchen beschrieben, vielmehr ist dieses Gedicht selbst das Ständchen: Man kann es hören, wenn man ein Ohr dafür hat, und kann es nachempfinden, wenn die Gefühlsader dafür da ist. Die bei der ersten Analyse erkannte Tatsache, dass es rein akustisch daherkommt, hat also einen direkten Bezug zu dem, was es zum Ausdruck bringen will.

Man könnte sich dem Zauber dieses kleinen Kunstwerks natürlich auch hingeben, ohne es umständlich zu analysieren und zu interpretieren. Gefühl ist alles! Dummerweise verlangen Lehrer und Professoren immer etwas anderes.

3.4 Die Welt der Arbeit

Mancher junge Mensch lernt heutzutage körperliche Arbeit kaum noch kennen. Das ist nicht seine Schuld, sondern der Fortschritt der Technik. Aber gerade in dieser Lage kann es nicht schaden, sich daran zu erinnern, mit wie viel Mühe einst die Welt der Industrie aufgebaut worden ist. – Glücklicherweise gibt es in der deutschen Lyrik authentische Zeugnisse dafür: die Arbeiterdichtung vom Beginn des 20. Jahrhunderts, welche keineswegs – wie man vermuten könnte – Dichtung über die Arbeit, sondern Dichtung von Arbeitern war. Gerrit Engelke, Heinrich Lersch, Otto Wohlgemuth, Karl Bröger, Alfons Petzold und Max Barthel waren (nach eigenem Verständnis) „Proleten". So schreibt Lersch in einem seiner bekanntesten Gedichte:

„Ich litt Qual und Not.
Ich war, wie du, ein Prolet und schaffte ums Brot."

Sehen wir uns also ein paar Beispiele dieser in einem ganz objektiven Sinn proletarischen, aber keineswegs ideologischen Dichtung an.

3.4.1 Heinrich Lersch: *Mensch im Eisen*

Mein Tagwerk ist: im engen Kesselrohr
Bei kleinem Glühlicht kniend krumm zu sitzen,
An Nieten hämmernd, in der Hitze schwitzen,
Verrußt sind Aug und Haar und Ohr,

Nur noch ein kleiner Menschenkraftmotor
Bin ich, des Hebel, meine Arme, flitzen,
Ich will die Adern mit dem Messer ritzen:
Dampf stößt, statt roten Blutes Strahl, hervor.

O Mensch, wo bist du? Wie ein Käfertier
Im Bernstein eingeschlossen, hockst du rings im Eisen,
Eisen umpanzert dich mit schließendem Gewirr!

Im Auge rast die Seele, arm und irr.
Heimweh heult wahnsinnswild, Heimweh weint süße Weisen
Nach Erde, Mensch und Licht! Schrei lauter, Mensch im Eisen!

Der inhaltliche Aufbau des Gedichts ist ganz klar und leicht durchschaubar: Die erste Strophe schildert die Arbeit eines Kesselschmieds, und zwar dessen, der beim Nieten *im* Rohr bzw. Kessel sitzt; die zweite wendet dieselbe Situation ins Metaphorische: Der Arbeiter kommt sich selbst wie eine Maschine vor; seine Arme sind Hebel, in seinen Adern strömt Dampf. Die dritte Strophe wechselt in einen ganz anderen Vorstellungsbereich und zeigt den Arbeiter als Bernstein-Einschluss: als längst totes Insekt; in der vierten versucht er pathetisch aus seinem Gefängnis, seinem Käfig auszubrechen.

Die dritte Strophe schlägt überdies jenen Ton an, den man als „O-Mensch-Romantik" bezeichnet hat: Der von schwerer, oft fast unmenschlicher Arbeit niedergedrückte, geradezu versklavte Mensch sehnt sich danach, einmal nur Mensch sein zu dürfen, und Mensch sein heißt hier – wie die 4. Strophe andeutet – auf der Erde und im Licht zu leben, nicht fast immer nur in der Fabrik, „im Eisen" und im Dunkel. Es ist ein Aufschrei nach mehr Menschlichkeit, sicherlich auch nach Liebe, in einer unbarmherzigen, seelenlosen Industriewelt.

Merkwürdig ist, dass der Arbeiterdichter Lersch die Form des Sonetts gewählt hat, sogar mit einer strengen Reimfolge:

a b b a | a b b a || c d c | c d d ||

Es gibt zwei Deutungsmöglichkeiten, eine eher vordergründige und eine tiefer gehende: Entweder wollte Lersch demonstrieren, dass auch ein Arbeiter imstande war, ein klassisches Gedicht zu schreiben, oder er bemühte sich, seiner banalen Schufterei und damit auch sich selbst durch eben diese strenge Form einen höheren Wert und menschliche Würde zu geben. – Ich persönlich möchte die zweite Deutung bevorzugen.

3.4.2 Paul Zech: *Der Hauer*

Die breite Brust schweratmend hingestemmt,
Hämmert er Schlag für Schlag die Eisenpflöcke
In das Gestein, bis aus dem Sprung der Blöcke
Staub sprudelt und den Kriechgang überschwemmt.

Im schwanken Flackerblitz des Grubenlichts
Blänkert der nackte Körper wie metallen;
Schweißtropfen stürzen, perlenrund im Fallen,
Aus den weit offenen Poren des Gesichts.

Der Hauer summt ein dummes Lied zum Takt
Des Hammers und zum Spiel der spitzen Eisen
Und stockt nur, wie von jähem Schreck gepackt,

Wenn hinten weit im abgeteuften Stollen
Sprengschüsse dumpf wie Donnerschläge rollen,
Und stockt und lässt die Lampe dreimal kreisen.

Schon wieder ein Sonett! Als hätten die Arbeiterdichter einen starken Drang zum Höheren, zum Klassischen. Dazu muss man vielleicht wissen, dass die Arbeiterschaft im späten 19. und frühen 20. Jahrhundert der Überzeugung war, nicht allein durch Organisation (in Gewerkschaften und Parteien), sondern auch durch Weiterbildung ihre Lage verbessern zu können. Darum gab es nicht nur Arbeitersportvereine, sondern auch Arbeiterbildungsvereine. Der Bildungsoptimismus des deutschen Bürgertums wurde von vielen Arbeitern durchaus geteilt. (Das nur nebenbei als Wink mit dem Zaunpfahl für die vielen Bildungsunwilligen auf den deutschen Gymnasien dieser Tage.)
Es gibt allerdings auch den umgekehrten Fall, dass sich Angehörige des Bürgertums für die Belange der Arbeiterschaft interessieren und einsetzen. (Marx und Engels sind nur die bekanntesten Beispiele dafür.) Auch Paul Zech war von Haus aus kein Arbeiter, sondern der Sohn eines Lehrers, der dann studierte. Aber er war auch „aus sozialem Idealismus Berg- und Metallarbeiter in Deutschland, Frankreich und Belgien", wie es im Kommentar zur *Lyrik des expressionistischen Jahrzehnts* (Sonderreihe dtv) heißt. (So etwas kann man natürlich nur wissen und in die Interpretation einflechten, wenn man eine entsprechende Ausgabe zur Hand hat.)

Der auffälligste Unterschied zu Lerschs *Mensch im Eisen* ist, dass der Hauer objektiv betrachtet wird. Zech identifiziert sich nicht mit ihm, sondern schildert ihn, wie er sich einem neutralen Beobachter darstellt: einen Mann mit nacktem Oberkörper, breiter Brust, porigem Gesicht, von dem Schweiß perlt. Die wichtigsten Ausrüstungsgegenstände sind da: Hammer, Spitzeisen, Grubenlampe. Der Mann arbeitet schwer, treibt „die Eisenpflöcke / In das Gestein" des Kriechgangs, bis ihn ein Donnerschlag aufschreckt. Aber es geschieht kein Unglück, wie mancher vielleicht erwartet; es wird nur in einem anderen Stollen gesprengt. Zech verweigert jede Dramatisierung; die Sprengung ist nur so etwas wie der Schlussgong dieser Runde. Der Kampf, die Arbeit wird weitergehen; darüber ist weiter nichts zu sagen.
Man ist vielleicht geneigt, diese Darstellung wie ein sozialistisches Arbeiterdenkmal zu sehen (von denen es z. B. in der Sowjetunion viele gegeben hat): eine monumentale Männergestalt, die den Sieg der Arbeiterklasse symbolisiert. Aber wenn man genauer hinschaut, erkennt man, dass es kaum so gemeint ist. Dieser Arbeiter „summt ein dummes Lied", einen Schlager vielleicht. Er erschrickt, wenn's kracht, und signalisiert den anderen, wo er gerade ist. Da ist also kein „Held der Arbeit", sondern ganz einfach ein Bergmann, ohne Pathos und ohne Mitleid geschildert, eben so, wie man ihn kennt, wenn man mit ihm vor Ort gearbeitet hat.

3.4.3 Gerrit Engelke: *Tod im Schacht*

Zweihundert Männer sind in den Schacht gefahren.
Mütter drängen sich oben in Scharen.
Rauch steigt aus dem Schacht.

Die Kohlenwälder nachtunten glühen,
Urwilde Sonnenfeuer spruhen.
Rauch steigt aus dem Schacht.

Retter sind hinabgestiegen;
Kamen nicht wieder, sie blieben liegen.
Rauch steigt aus dem Schacht.

Der Brandschlund frisst seine Opfer – und lauert.
Die brennenden Stollen werden zugemauert.
Rauch steigt aus dem Schacht.

Zweihundert waren in den Schacht gefahren.
Mütter weinen an leeren Bahren.
Rauch steigt aus dem Schacht.

Nur noch selten liest man heutzutage in der Zeitung von Grubenunglücken, und wenn, dann meist von solchen in Russland oder China oder in der sog. Dritten Welt. Das kommt nicht zuletzt daher, dass bei uns kaum noch Bergbau betrieben wird. Aber in jener Phase der Industrialisierung, in der die Schwerindustrie führend war, kam dem Bergbau eine ganz andere Bedeutung zu als jetzt, in Deutschland vor allem dem Kohlenbergbau. Und da gab es denn auch Katastrophen, von denen Engelke eine mit über zweihundert Toten zum Gegenstand seines Gedichts gemacht hat.
Der Text hat die Form einer kleinen Ballade, also eines Erzählgedichts; man könnte es (wenn man den Begriff nicht abwertend gebraucht) sogar als „Moritat" bezeichnen. Typisch ist der Refrain, der bei allen fünf Strophen identisch bleibt. Das hat in diesem Fall auch seinen guten Grund: Solange der Grubenbrand schwelt, steigt eben Rauch aus dem Schacht. Die Rauchfahne weht als beständiges Signal der Katastrophe tage- und wochenlang über der Grube.
Der Vorgang wird in knappen Zweizeilern eher angedeutet als geschildert: Sobald sich die Nachricht vom Unglück durch die Bergmannssiedlung verbreitet, strömen die Frauen zusammen, die um ihre Männer und Söhne bangen. Sie wissen, welches Inferno dort unten ausgebrochen ist. Rettungsmannschaften werden hinuntergeschickt; wenn sie nicht wiederkommen, weiß man, dass keine Hoffnung mehr ist. Um den Brand zu ersticken, verschließt man die brennenden Stollen. Die Toten (oder was von ihnen übrig wäre) können nicht geborgen werden. Die Trauerfeier findet vor leeren Särgen statt.
Es fällt auf, wie sparsam Engelke angesichts einer solchen Katastrophe mit den Worten umgeht: Da gibt es kein großes Geschrei, kein theatralisches Lamento. Auffällig expressionistisch ist nur die zweite Strophe, in der der Brand geschildert wird mit Wortschöpfungen wie „nachtunten", „urwild" und „Sonnenfeuer". Im Übrigen ist es, als hätte der Schmerz dem Autor die Kehle zugeschnürt; er schreit nicht, er stammelt nur in kurzen Sätzen. Es ist unverkennbar, dass er mit den Trauernden trauert.
Mir scheint, dass dieses kleine, bescheidene Gedicht ein sehr schönes Dokument von Arbeitersolidarität ist: nicht die phrasenhafte Solidarität, wie sie bei gewissen Gelegenheiten (am 1. Mai etwa) propagiert wird, sondern tiefe menschliche Verbundenheit, Gemeinsamkeit in der Trauer um die Opfer des sog. Fortschritts. – Engelke ist übrigens wenig später selbst Opfer geworden, wenn auch nicht eines Grubenunglücks, sondern des 1. Weltkriegs. Kurz vor Kriegsende noch schwer verwundet, starb er im Oktober 1918 in einem Lazarett.

3.5 Die Welt als romantische Vorstellung / Joseph von Eichendorff: *Sehnsucht*

Es schienen so golden die Sterne,
Am Fenster ich einsam stand
Und hörte in weiter Ferne
Ein Posthorn im stillen Land.

Das Herz mir im Leib entbrennte,
Da hab ich mir heimlich gedacht:
Ach, wer da mitreisen könnte
In der prächtigen Sommernacht!

Zwei junge Gesellen gingen
Vorüber am Bergeshang,
Ich hörte im Wandern sie singen
Die stille Gegend entlang:
Von schwindelnden Felsenschlüften,
Wo die Wälder rauschen so sacht,
Von Quellen, die von den Klüften
Sich stürzen in die Waldesnacht.

Sie sangen von Marmorbildern,
Von Gärten, die überm Gestein
In dämmernden Lauben verwildern,
Palästen im Mondenschein,
Wo die Mädchen am Fenster lauschen,
Wann der Lauten Klang erwacht
Und die Brunnen verschlafen rauschen
In der prächtigen Sommernacht. –

Eigentlich brauchte man bei diesem Gedicht den Namen des Autors gar nicht zu nennen, denn jeder, der sich auch nur ein wenig in der deutschen Lyrik auskennt, wird sagen: Das ist Eichendorff! Alle Elemente der Eichendorff'schen Welt sind hier exemplarisch versammelt: die Sternennacht, der Klang des Posthorns und das Lied der Wandergesellen, die Berge, Wälder und Quellen, die Paläste, die Gärten mit den Marmorstatuen, der Lautenklang und das Rauschen der Brunnen. – So kommt denn mancher wahrscheinlich in Versuchung, das Ganze als romantisches Stimmungsgedicht zu charakterisieren und es dabei bewenden zu lassen. Aber Vorsicht, so einfach liegen die Dinge nicht! Gerade wenn man meint, so ein Gedicht erfasst zu haben, sollte man innehalten und sich fragen, ob nicht mehr dahintersteckt. Je mehr einen die Stimmung einzulullen droht, desto nüchterner sollte man analysieren.

Hinter das Geheimnis dieses Gedichts kommt man nur, wenn man nach seinem Wirklichkeitsgehalt fragt. Wie wirklich ist eigentlich, was da zur Sprache gebracht ist? Steht das lyrische Ich tatsächlich am Fenster? Hört es wirklich das Posthorn? Oder sitzt Herr von Eichendorff in Heidelberg oder in Berlin hinter seinem Schreibtisch und denkt sich das nur so aus? – Man kann die Fragen nicht eindeutig beantworten und ist daher genötigt, die Sache vom andern Ende her aufzuziehen, also vom Schluss des Gedichts. Man kann nämlich auch fragen: Wie real ist „der Lauten Klang" und das Brunnenrauschen am Ende?

Da die Lauten nicht von selber erklingen, ist da zumindest ein Lautenspieler zu denken, der im Garten eines Palastes für die Mädchen am Fenster spielt. Aber dieser Lautenspieler und die Mädchen und der ganze Palast sind überhaupt nicht vorhanden! Sie werden lediglich in einem Lied besungen, das ein paar Wandergesellen mehr zu ihrer eigenen als zu fremder Unterhaltung vortragen. Und dieses Lied hört nun angeblich das lyrische Ich von seinem Fenster aus, wobei es doch ein wenig verwundert, dass es so auf die Entfernung jedes Wort versteht. Anders ausgedrückt: Das Lautenlied am Schluss wird von Mädchen gehört, die am Fenster eines Palastes lauschen, welcher seinerseits nur in einem Lied vorkommt, das zwei Wandergesellen vor sich hin singen, die wiederum von einem Ich gehört werden, das angeblich an einem Fenster steht und das Ganze schließlich zum Thema seines Liedes macht. Wir haben also ein Lied im Lied im Lied! Wie bei einer russischen Puppe, in der eine kleinere Puppe steckt und darin wiederum eine usw., stecken hier lauter Lieder ineinander, und was es außer diesen Liedern gibt, bleibt ungewiss.
Man kann sich die raffinierte Struktur dieses Gedichts folgendermaßen verdeutlichen:

Das lyrische Ich	1. Ebene
hörte: Posthorn zwei junge Gesellen	2. Ebene
singen: von Felsenschlüften Gärten Palästen Mädchen am Fenster	3. Ebene
lauschen: auf Lauten und Brunnen	4. Ebene
Klang Rauschen	5. Ebene

Dabei sieht man, wie sich Eichendorff Schritt für Schritt oder Stufe für Stufe aus der realen Wirklichkeit entfernt, ja geradezu davonstiehlt. Klammheimlich wechselt er von einem Lied ins andere, bis er schließlich mit kaum noch vernehmbarem Klang und Rauschen endet.
Das ist romantisch, und zwar in jenem ganz konkreten Sinn, den **Friedrich Schlegel** diesem Begriff in seinem berühmten 116. Athenäumsfragment gegeben hat:
„Die romantische Poesie ist eine progressive Universalpoesie. […] Sie will, und soll auch Poesie und Prosa, Genialität und Kritik, Kunstpoesie und Naturpoesie bald mischen, bald verschmelzen, die Poesie lebendig und gesellig, und das Leben und die Gesellschaft poetisch machen."

Mit anderen Worten: Alles, auch das ganze Leben, soll letztlich in Poesie verwandelt werden. Und eben das, was von Schlegel theoretisch gefordert ist, wird von Eichendorff in seinem Gedicht praktisch verwirklicht. Hier wird tatsächlich Welt in Poesie verwandelt, und das Raffinierte daran ist, dass es ganz selbstverständlich scheint, ganz spielerisch, ganz leicht, fast so, als könnte es gar nicht anders sein. – Es ist also kaum ein Zufall, dass Eichendorff in Deutschland als der Romantiker schlechthin gilt und seine Lieder nicht nur berühmt, sondern (zumindest im 19. Jahrhundert) auch sehr volkstümlich geworden sind.

3.6 Das religiöse Gedicht oder die Ahnung einer anderen Welt

3.6.1 Novalis: *Marienlied*

Ich sehe dich in tausend Bildern,
Maria, lieblich ausgedrückt,
Doch keins von allen kann dich schildern,
Wie meine Seele dich erblickt.

Ich weiß nur, dass der Welt Getümmel
Seitdem mir wie ein Traum verweht,
Und ein unnennbar süßer Himmel
Mir ewig im Gemüte steht.

Abgesehen von den ungezählten Buddhas in buddhistischen Tempeln und den Kruzifixen in christlichen Kirchen und Häusern gibt es wohl kein Motiv, das in der bildenden Kunst so häufig wiederkehrte wie das der Gottesmutter Maria. Während aber die Buddhastatuen und die Kruzifixe fast immer nach einem bestimmten Kanon gearbeitet sind und dadurch oft den Eindruck von Schematismus vermitteln, ist bei Marienbildern allein durch die Auswahl aus verschiedenen Motiven eine ganz andere Vielfalt möglich und eine größere künstlerische Freiheit gestattet. Die Motive sind z. B. Mariä Verkündigung, Jesu Geburt und Anbetung der Hirten oder der Weisen, Maria als Mutter mit dem Jesuskind, die Darstellung im Tempel, die Flucht nach Ägypten, Maria unter dem Kreuz oder mit dem toten Sohn auf ihrem Schoß (sog. Pietà), schließlich Mariä Heimgang oder Himmelfahrt und Krönung. Nimmt man nun die verschiedenartige Gestaltung dieser Motive durch die Künstler aller Jahrhunderte hinzu, ist die Vorstellung von „tausend Bildern" bei Novalis keineswegs übertrieben.

Aber der Dichter hält sich nun merkwürdigerweise bei keinem von diesen Bildern auf, sondern überspringt sie gewissermaßen, um zu einem Bild zu gelangen, das er in seiner Seele trägt und das ihm offenbar kostbarer ist als alle Gemälde, die er kennt. So entsteht ein Gegensatz zwischen den vielen real vorhandenen Bildern und dem einen, das wohl aus einer anderen Welt stammt und dorthin gehört. Damit ergibt sich eine Spannung zwischen zwei Welten:

äußere oder reale Welt „tausend Bilder" (Gemälde) „der Welt Getümmel" = ein Traum!	innere oder religiöse Welt das Bild in der Seele der „süße( ) Himmel (...) im Gemüte"

Manchem wird auffallen, dass hier die Marienbilder in derselben Rubrik erscheinen wie das Weltgetümmel. Diese Beobachtung ist für die Interpretation wertvoll: Sie weist nämlich darauf hin, dass auch solche Bilder in dieser Welt und somit weit entfernt von ihrem himmlischen Urbild sind. Die diesseitige und die jenseitige Welt sind durch eine tiefe Kluft getrennt, die allein der Glaube überwindet. Von der anderen Seite aus gesehen aber, „sub specie aeternitatis", d. h. unter dem Aspekt der Ewigkeit, erscheint diese Welt nur noch „wie ein Traum", ohne rechte Substanz und sehr vergänglich: als etwas, das „verweht". Das Jenseits dagegen ist die eigentliche Wirklichkeit, darüber hinaus auch die wahre Heimat der Seele oder (wie Novalis in *Die Christenheit oder Europa* formuliert) die „Küste der eigentlichen vaterländischen Welt."

3.6.2 Friedrich Hölderlin: *An Zimmern*

Die Linien des Lebens sind verschieden,
Wie Wege sind, und wie der Berge Grenzen.
Was hier wir sind, kann dort ein Gott ergänzen
Mit Harmonien und ewigem Lohn und Frieden.

Dieser kleine Vierzeiler aus den letzten Jahren Hölderlins, der gewiss nicht zu seinen bedeutendsten Gedichten gehört, zeigt einen anderen Aspekt religiösen Denkens, den jeder leicht bemerken wird. Zwar ist wie bei Novalis dasselbe Grundmuster vorhanden, die Vorstellung von den zwei Welten, welche in den beiden Adverbien „hier" und „dort" angedeutet ist; aber Hölderlin geht einen entscheidenden Schritt weiter: Ihm geht es nicht wie Novalis um einen Himmel „im Gemüte", sondern um das, was im christlichen Sinn eigentlich „Himmel" bedeutet, nämlich um die ewige Existenz bei Gott.
Während nun bei Novalis das Diesseits als Traum gekennzeichnet ist, erscheint es bei Hölderlin als Unvollkommenheit: Was hier ist, muss dort von Gott ergänzt werden, um zur Vollkommenheit zu gelangen, zu „Harmonie(n)" und „Frieden". Damit ist Hölderlin näher beim traditionellen christlichen Weltverständnis als Novalis: Vor allem der Gedanke an den „ewigen Lohn" ist eine geläufige christliche Vorstellung. Woher

aber kommt es, dass der große Idealisierer und Protagonist der griechischen Antike so ganz schlichte fromme Töne anschlägt?
Liest man genauer, erkennt man die tiefe Verunsicherung: Die erste Zeile macht eine ganz vage, fast banale Aussage, die in der zweiten durch den Vergleich mit Wegen und Bergen zwar konkretisiert wird, aber dennoch nicht viel an Substanz gewinnt. Die zweite Aussage (Vers 3 und 4) steht ziemlich unverbunden, fast verloren, daneben, Ausdruck einer religiösen Überzeugung, aber sicher für viele keineswegs überzeugend. Das ganze kleine Textgebilde ist sehr locker gefügt, beinahe zufällig, und letztlich nur durch nicht besonders originelle Reime verbunden. – Wie konnte ein so großer Dichter ein so bescheidenes, nahezu einfältiges Gedichtchen zustande bringen?
Des Rätsels Lösung: Es ist ein sehr später Text, aus der quälend langen Zeit von 1808 bis 1843, in der Hölderlin in tiefer geistiger Umnachtung, versorgt von dem Schreinerehepaar Zimmer, in Tübingen dahindämmerte. Nicht umsonst ist der Text *An Zimmern* überschrieben. Er zeigt auf erschütternde Weise, wie das große Genie, eines der größten der europäischen Lyrik überhaupt, sich in seinen wenigen lichten Augenblicken daran erinnerte, dass er Dichter war, und wie ihm durch die Nacht seines Geistes von fern ein Rest seines frommen Kinderglaubens nachleuchtete. Und er erkannte im Licht dieses Glaubens, dass nur Gott das einst so herrliche und nun so jämmerlich zerbrochene Gefäß seines Geistes wiederherstellen konnte.
So ist denn dieser kleine, erschütternde Vierzeiler für den, der ihn recht zu lesen versteht und diese Zusatzinformationen hat, trotz oder gerade wegen seiner Schwächen ein schönes Dokument tiefer Frömmigkeit.

3.7 Sprachliche Bilder / Karl Krolow: *Liebesgedicht*

In der Lyrik werden gerne sprachliche Bilder verwendet, doch wäre es ein Irrtum zu meinen, sie kämen nicht auch sonst vor. Auch die Umgangssprache ist reichlich mit Bildern ausgestattet, ohne dass sich die Sprecher dessen so richtig bewusst wären. Sagt einer z. B. „Ach, was war ich doch für ein Esel!", so will er damit keineswegs zum Ausdruck bringen, er habe sich irgendwann in ein Tier verwandelt, sondern nur, er sei dumm wie ein Esel gewesen. Aber anstatt den etwas umständlichen Vergleich zu verwenden, nimmt er das Bild des Esels für sich selbst in Anspruch.
Ein **Bild** ist ein sprachliches Mittel zu Erzeugung von Anschaulichkeit. Wenn jemand z. B. sagt: „Ich habe Hunger", ist das eigentlich eine eindeutige Aussage. Häufig aber begnügt sich einer nicht damit, sondern sagt: „Ich habe Hunger wie ein Wolf." Damit verwendet er einen Vergleich, um seine Aussage anschaulicher zu machen. – „Bild" ist übrigens selbst eine Metapher, nämlich eine Übertragung aus dem optischen in den sprachlichen Bereich. Es ist zudem der Oberbegriff für eine Reihe anderer Begriffe wie „Vergleich", „Metapher", „Symbol", „Chiffre" und „Emblem".

Ein **Vergleich** besteht in der Verknüpfung von Satzgliedern oder Sätzen mit „wie, als, als ob, wie wenn, gleich" u. Ä. oder durch den Komparativ (z. B. „heller als tausend Sonnen"). Im Märchen von Schneewittchen heißt es: „Bald darauf bekam sie ein Töchterlein, das war so weiß wie Schnee, so rot wie Blut und so schwarzhaarig wie Ebenholz …"
Eine **Metapher** entsteht dadurch, dass ein Wort aus einem Bedeutungsbereich in einen anderen übertragen wird, sodass es nun zweierlei Bedeutung hat, eine ursprüngliche oder Grundbedeutung und eine übertragene. (Sprachliche Bilder beruhen überhaupt auf dieser Fähigkeit der Wörter zu metaphorischem Gebrauch.) – Lausberg (*Elemente der literarischen Rhetorik*) definiert: „Die metaphora (translatio) ist der Ersatz eines verbum proprium (‚Krieger') durch ein Wort, dessen eigene proprie-Bedeutung mit der des ersetzten Wortes in einem Abbild-Verhältnis (similitudo) steht (‚Löwe'). Die Metapher wird deshalb auch als ‚gekürzter Vergleich' definiert, in dem das Vergleichbare mit dem Abbild in eins gesetzt wird. Dem Vergleich (similitudo) ‚Achill kämpfte wie ein Löwe' entspricht die Metapher ‚Achill war ein Löwe in der Schlacht.'"
Ein **Symbol** ist ein sinnlich gegebenes und fassbares bildliches Zeichen, das über sich hinaus auf einen höheren (abstrakten oder metaphysischen) Bereich verweist. Im Gegensatz zum Oberbegriff „Bild" weist ein Symbol auf etwas Unanschauliches, also z. B. das Sonnensymbol auf Gott oder das Kreuz auf das Christentum u. Ä.
Bei der **Chiffre** ist das Symbol zu einer Andeutung reduziert; die Wirkung ist Verrätselung oder Geheimhaltung eines Sachverhalts. Die Bedeutung einer Chiffre ist gewöhnlich nur Eingeweihten bekannt. So wussten z. B. im Rom des 1. Jahrhunderts nur die Christen, was das Zeichen des Fisches wirklich bedeutete, nämlich Iesóus Christós theóu yiós sotér, zusammengezogen ichthys = Fisch.
Ein **Emblem** ist ein Sinnbild oder Zeichen mit konventionell festgelegtem Bedeutungsgehalt. Ähnlich wie bei der Chiffre muss man die Bedeutung erlernen. Dass z. B. der Anker für die Hoffnung steht oder die Palme für die Treue oder die Lilie für die Reinheit bzw. Jungfräulichkeit, muss man einfach wissen, wenn man die Aussage, in der solche Begriffe verwendet werden, richtig verstehen will.
Die **Allegorie** besteht (nach Lausberg) „im Ersatz des gemeinten Gedankens durch einen anderen Gedanken, der zum gemeinten Gedanken in einem Ähnlichkeits-Verhältnis steht." So kann z. B. in einem Text von der Schifffahrt geschrieben werden, in Wirklichkeit aber die Führung der Staatsgeschäfte gemeint sein, oder es wird scheinbar ein Eheverhältnis von Mann und Frau dargestellt, eigentlich aber das Verhältnis von Verstand und Gefühl. (Allegorien waren vor allem in der Literatur der Renaissance und des Barock beliebt, heutzutage sind sie seltener.)

Karl Krolow:
Liebesgedicht

Mit halber Stimme rede ich zu dir:
Wirst du mich hören

Hinter dem bitteren Kräutergesicht des Mondes,
Der zerfällt?
Unter der himmlischen Schönheit der Luft,
Wenn es Tag wird,
Die Frühe ein rötlicher Fisch ist mit bebender Flosse?

Du bist schön.
Kühl und trocken ist deine Haut.
Dein Blick – sanft und sicher wie der eines Vogels.
Ich sage es dem schwingenden Wind.
Dein Nacken – hörst du – ist aus Luft,
Die wie eine Taube durch die Maschen des blauen Laubes schlüpft.

Du hebst dein Gesicht.
An der Ziegelmauer erscheint es noch einmal als Schatten.
Schön bist du. Du bist schön.
Wasserkühl war dein Schlaf an meiner Seite.
Mit halber Stimme rede ich zu dir.
Und die Nacht zerbricht wie Soda, schwarz und blau.

Untersucht man die sprachlichen Bilder dieses Gedichts, findet man zunächst ein paar einfache Vergleiche:
„Dein Blick (…) wie der eines Vogels",
„Luft, / Die wie eine Taube (…) schlüpft",
„die Nacht zerbricht wie Soda (…)"
Man könnte versucht sein, die Phrase „erscheint es noch einmal als Schatten", die sich auf „Gesicht" bezieht, auch als Vergleich zu nehmen, aber genau besehen ist hier wirklich der Schatten als solcher gemeint: Zusätzlich zum Gesicht gibt es da noch den Schatten an der Mauer.
Einen versteckten Vergleich enthält das Wort „wasserkühl", das nichts anderes heißen kann als „kühl wie Wasser". Dagegen stellt die Aussage
„Wenn (…) / Die Frühe ein rötlicher Fisch ist (…)"
eine typische Metapher dar: Das Bild des rötlichen Fischs wird auf die Morgenröte übertragen; man könnte auch umgekehrt sagen: Die Morgenröte wird als rötlicher Fisch wahrgenommen.
Schwieriger zu deuten ist das Bild vom „bitteren Kräutergesicht des Mondes". Man wird zunächst von der vertrauten Vorstellung ausgehen müssen, dass der Mond ein Gesicht habe. „Das Gesicht des Mondes" ist eine gängige Metapher wie etwa „Bergrücken" oder „Stuhlbein". (Ein Stuhl hat eigentlich keine Beine, denn diese sind Gliedmaßen zum Gehen.) Problematisch ist jedoch der Ausdruck „Kräutergesicht". Man erkennt das tertium comparationis nicht, d. h. das dritte Element zwischen „Mond" und „Kräuter", das beiden Vorstellungen gemeinsam wäre.

Zum Glück ist nun aber das Attribut „bitter" vorhanden, welches die Brücke schlagen kann: Der Mond erscheint offenbar sehr blass oder fahl, sodass man in ihm bzw. seinem Gesicht den Ausdruck von Bitterkeit zu sehen meint. (Er sieht aus, als ginge es ihm schlecht oder als habe er „bittere Arznei" geschluckt.) Die Vorstellung „bitter" zieht nun offenbar die von Kräutern nach sich; das wäre eine Assoziation. Und so entsteht schließlich aus der Verbindung eines metaphorischen Ausdrucks mit einer Assoziation das verblüffende Bild vom „bitteren Kräutergesicht des Mondes".
Dieses steht nun in einem offensichtlichen Kontrast zum Gesicht der Geliebten, von dem betont wird, wie schön es sei. Selbst als Schatten an der Mauer fasziniert es den Liebenden. Der Mond bildet auch einen Gegensatz zur „himmlischen Schönheit der Luft", von der in der 1. Strophe in unmittelbarer Nähe zum „bitteren Kräutergesicht" die Rede ist.
Überblickt man den gesamten Bildvorrat des Gedichts, erweckt er im Wesentlichen den Eindruck von Schönheit: Die Luft, die Morgenfrühe, der Blick, der Nacken, das Gesicht der Geliebten, fast alles wird bewundert. Dabei lässt sich der Autor zu wirklich überraschenden Formulierungen hinreißen:
„Dein Nacken – hörst du – ist aus Luft,
Die wie eine Taube durch die Maschen des blauen Laubes schlüpft."
„Dein Nacken (...) ist aus Luft" stellt eine Metapher dar; daran schließt sich ein Vergleich („wie eine Taube") an, dem eine Genitivmetapher („Maschen des blauen Laubes") hinzugefügt wird. So entsteht eine ziemlich komplexe Textur, ein buntes Gewebe, welches den eigentlichen Gegenstand („Nacken") fast völlig vergessen lässt.
Wie man leicht erkennt, sind es die poetischen Bilder, welche die eigentliche Substanz dieses Liebesgedichts ausmachen. Ihre Schönheit könnte vielleicht übersehen lassen, dass der Schlussvers auch noch eine symbolische Deutung zulässt:
„Und die Nacht zerbricht wie Soda, schwarz und blau."
Der Satzkern besagt: „die Nacht zerbricht". Nimmt man diese Aussage symbolisch und bedenkt, dass von einer Liebesnacht die Rede ist, könnte man zumindest vermuten, dass vielleicht auch die Liebe zerbricht. Und hat man dies bemerkt, fällt einem auf, dass auch vom Mond gesagt ist, er zerfalle (Vers 4). Die Schönheit dieser Nacht ist also zerbrechlich und vergänglich, und so liegt über allem auch eine etwas wehmütige Stimmung.
An diesem Punkt könnte man vielleicht noch bemerken, dass dieses Gedicht aus dem 20. Jahrhundert eine entfernte Verwandtschaft mit einem bestimmten Typus des Minnesangs aufweist, dem *tageliet*, das die Situation am frühen Morgen nach einer Liebesnacht zum Thema hat. (Ob sich Krolow so ein *tageliet* zum Vorbild genommen hat, muss allerdings offen bleiben.)

4. Die eigentliche Interpretation
4.1 Einleitung

Analyse und Interpretation sind nicht immer eindeutig zu trennen; denn eine saubere Analyse stellt eigentlich schon alles bereit, was man für die Interpretation benötigt. Sobald man aus den Ergebnissen der Analyse Schlussfolgerungen zieht, ist man schon auf dem Gebiet der Interpretation. Darum ist in den vorigen Kapiteln mancher Text im Prinzip auch schon interpretiert worden. Dennoch sollte man daran festhalten, dass die Interpretation einen Schritt über die Analyse hinaus darstellt und zu dem, was in dem Gedicht vorhanden ist, also zum objektiven Bestand, ein subjektives Element hinzufügt: das, was der Leser in sich aufnimmt und (als Interpret) in neuer Form daraus macht.

Nach einem bekannten Wort Emile Zolas ist ein Kunstwerk nichts anderes, als „die Natur, gesehen durch ein Temperament". (Das ist zwar ein naturalistisches Credo, aber man kann es wohl ganz allgemein gelten lassen.) Wenn man nun das Wort auf unser Problem überträgt, so wäre Interpretation „ein Kunstwerk, gesehen durch ein Temperament".

Dabei erkennt man leicht, wo die eigentliche Schwierigkeit einer Gedichtinterpretation liegt: Hier stoßen zwei Temperamente aufeinander, das des Künstlers, der „die Natur" (sei es äußere, sei es innere) transformiert, und das des Interpreten, der das Kunstwerk, ein Gedicht z. B., betrachtet und deutet. Denn wie in vielen alltäglichen Gesprächen oder auch politischen oder selbst wissenschaftlichen Diskussionen ergibt sich aus der Verschiedenheit der Temperamente eine Menge von Missverständnissen, die oft schwer auszuräumen sind.

Mir scheint aber, dass es gerade bei der Gedichtinterpretation oft (sicher nicht immer) einen Ausweg aus dem Dilemma gibt: Der Interpret muss versuchen, durch „das Temperament" des Dichters, d. h durch seine Sprach- und Bildwelt hindurch zu der Sache selbst vorzudringen, die der Dichter im Auge gehabt hat. Natürlich steht dieser nicht immer vor einem äußeren Gegenstand (einer Rose, einer Landschaft, einer geliebten Person), sondern oft vor einem inneren (einem Gebilde seiner Einbildungskraft), aber auch der lässt sich meist als ein ganz bestimmter, fest umrissener Gegenstand ausmachen und definieren.

Man kann deshalb einem Anfänger in der Kunst der Interpretation keinen besseren Rat geben als den, zunächst einmal (wenigstens versuchsweise) von allen Stimmungen, allen Anspielungen, allen mutmaßlichen Intentionen des Autors abzusehen und einfach zu fragen, *was* dieser dargestellt hat. Gelingt es, das, was (vom Interpreten aus gesehen) *hinter,* in Wirklichkeit, d. h. in der Entstehung, *vor* dem Gedicht liegt, eindeutig zu identifizieren, fällt die folgende Arbeit der Interpretation sofort leichter, und zwar, weil man, anstatt sein eigenes Temperament mit dem des Dichters zu vergleichen (was immer eine unsichere Angelegenheit ist), den Gegenstand (das Sujet) des Gedichts mit dem in Beziehung setzen kann, was in der Sprachwelt des Dichters daraus geworden ist. Man hat somit – einfacher ausgedrückt – den Vorteil, zwei Komplexe von realen Fakten vergleichen zu können, anstatt subjektive

Mutmaßungen über eine im Grunde unbekannte Person, den Dichter, anstellen zu müssen.
Was damit gemeint ist, soll an einem Beispiel verdeutlicht werden: am Gedicht *Genazzano* von M. L. Kaschnitz. Es ist ja bereits im Kapitel über Fehlinterpretationen vorgestellt worden, soll nun aber richtig interpretiert werden, und zwar mit dem Vorsatz, zunächst einmal den Gegenstand des Textes möglichst genau ins Auge zu fassen, bevor man sich darüber auslässt, was die Autorin daraus gemacht hat.

4.1.1 Marie Luise Kaschnitz: *Genazzano*

Schon der Titel des Gedichts *Genazzano* von M. L. Kaschnitz (s. S. 13) verrät, dass es hier nicht um irgendeine Stadt geht, sondern um eine ganz bestimmte, offensichtlich italienische. Nimmt man nun eine gute Italienkarte, findet man tatsächlich etwa fünfundvierzig Kilometer östlich von Rom in den Ausläufern der Monti Prenestini das Städtchen Genazzano verzeichnet, nicht zu verwechseln mit Genzano di Roma am Rand der Albanerberge. Man braucht nun gar nicht weiter im Lexikon nachzuschlagen oder nach einem Bild des Städtchens zu suchen, denn dieses Bild wird von der Dichterin mit wenigen Strichen anschaulich gezeichnet: Es ist eine „Bergstadt" mit steilen Straßenzügen („steilauf"). Die Straßen sind wohl gepflastert; jedenfalls klingt das Klappern der Eselshufe sehr hart („gläsern"). Dass man das Getrappel der Esel und nicht den Lärm der Autos und Motorräder hört, deutet auf eine – zumindest damals noch – altertümliche, rückständige Welt. Dazu passt das Bild der Frau, die am Brunnen ihre Hemden wäscht oder wusch. Es ist außerdem Winter („winterlich"), ein italienischer Winter freilich, aber doch einer, der steife Finger macht. Die Laubbäume sind kahl; das „Laub der Platanen" wird vom Wind verweht.
Soweit lässt sich alles klar erkennen. Aber es bleibt bisher unklar, wie dieser Gegenstand Genazzano ins Gedicht übertragen (transponiert) ist. An diesem Punkt muss man nach einem Schlüssel suchen. Aber der ist in dem Fall nicht gar zu schwer zu finden. Was ist denn neben diesem Objekt Genazzano gegenwärtig als dieses „Ich", das in dem 6. Vers zum ersten Mal auftritt und dann präsent bleibt: im 7. und 8. als „ich", im 9. und 12. im Possessivpronomen „mein" bzw. „meine". Man nennt es das lyrische Ich, weil keineswegs sicher ist, dass ein Dichter, der „ich" sagt, tatsächlich seine eigene Person meint. (Das zu beachten ist nicht unwichtig, weil man andernfalls leicht zu Fehldeutungen kommt.)
Wer ist dieses Ich? Jedenfalls eine Frau, denn das Wäschewaschen am Brunnen ist traditionell Frauenarbeit. Dass es die Dichterin wäre, darf man kaum annehmen; denn falls sie da ihr Brauthemd und ihr Totenhemd gewaschen hätte, würde es bedeuten, dass sie in Genazzano geheiratet hätte und vorhätte, dort bis zu ihrem Tod zu bleiben. Diese Vorstellung passt aber eher auf eine Frau aus Genazzano. Die Vermutung, dass es sich um ein Rollengedicht handelt, d. h. dass sich die Kaschnitz in die Lage und die Rolle einer Genazzanerin versetzt, liegt da auf jeden Fall nahe.

Problematisch bleibt jetzt nur noch die Aussage, dass das Gesicht der Frau „weiß / Unterm schwarzen Wasser" lag. – Es sind schon die Schüleraufsätze erwähnt worden, worin diese Aussage zusammen mit dem Stichwort „Totenhemd" die Folgerung nach sich gezogen hat, es handle sich bei dieser Frau um eine Tote. Aber diese Annahme ist bereits wiederlegt. Man wird vernünftigerweise nach einer realistischeren Erklärung suchen müssen.

Wenn man vor einem Spiegel steht, erscheint bekanntlich das eigene Gesicht hinter dem Spiegel, und zwar im selben Abstand, in dem man sich davor befindet. (Das lernt man doch wohl im Physikunterricht beim Thema Optik.) Wenn man also von oben auf den Wasserspiegel eines Brunnens hinabblickt, erscheint das Gesicht unter dem Wasser, und genauso stellt es die Dichterin dar. Es bleibt höchstens noch offen, ob die Hände auch im Wasserspiegel betrachtet werden oder ob sie beim Waschen an einem kalten Wintertag tatsächlich vereist sind. Aber zwei Überlegungen sprechen für die erste Annahme: Erstens wird diese Aussage völlig parallel zur andern (über das Gesicht) gemacht – das ist ein formales Kriterium –, und zweitens werden auch die Frauen von Genazzano nicht ausgerechnet bei einer Kälte waschen, bei der Hände und Wäsche sogleich steiffrieren.

Hier ist also offenbar niemand gestorben; hier erinnert sich eine Lebende, eine alte Frau vielleicht. Denn dass sie sich erinnert, d. h. dass sich der geschilderte Vorgang nicht aktuell vollzieht, ergibt sich daraus, dass der ganze Text vom 6. Vers an im Präteritum steht. Eine Frau erinnert sich also an ihr Leben in dieser Kleinstadt in den Bergen Italiens, ein Leben im geradezu magischen Dreieck von Elternhaus (wo sie bis zu ihrer Brautzeit lebte), Dorfbrunnen (wo sie mit anderen Frauen wusch) und dem Haus, in das sie eingeheiratet hat und wo sie wohl auch bis zu ihrem Tod leben wird. Brauthemd und Totenhemd, die ehemals beide zur Aussteuer gehörten, repräsentieren hier fast die ganze Spanne eines Frauenlebens; nur die Kindheit ist ausgeklammert.

Und das lyrische Ich identifiziert sich hier in schwesterlicher Solidarität mit dem Leben einer Frau aus Genazzano, das wohl das gewöhnliche Leben der meisten Genazzanerinnen gewesen ist, einem Leben mit wenigen Höhepunkten und viel, viel Arbeit, einem rauen und kargen Leben. Diese Identifikation mit der armen Italienerin ist es wohl auch, was an diesem Gedicht die stärkste Wirkung auf den Leser ausübt. Das ist ein Stück Frauenliteratur in des Wortes bester Bedeutung: ebenso frei von Sentimentalität wie vom Pathos der Anklage, ganz ohne Emanzengehabe und ideologischen Firlefanz. Hier ist einfach ein Frauenleben präsent, in wenigen prägnanten Zeilen mit einem eminenten Gespür fürs Wesentliche nachgezeichnet. Und so ist da ein Gedicht, schlicht und wahrhaftig, in seinem Realismus vom Geist der Annette von Droste-Hülshoff, in seinen wenigen, düsteren Strichen den Kohlezeichnungen der Käthe Kollwitz vergleichbar – und doch ganz und gar, Wort für Wort: Poesie.

4.2 Der erste Anlauf

Manche Leute stehen vor einem Gedicht wie der sprichwörtliche Ochs' am Berg und kommen keinen Schritt weiter. Sie wissen einfach nicht, wie und wo sie einen Zugang finden könnten. Dabei ist es oft ganz einfach. Man schaue sich den Text nur genau an und frage sich, ob einem irgendetwas auffällt: eine Häufung bestimmter Begriffe oder Bilder, eine überraschende Redewendung oder Aussage, vielleicht auch eine formale Besonderheit wie ganz unterschiedliche Verslängen oder markante Rhythmuswechsel.

Zugegeben, nicht immer erkennt man etwas dergleichen, aber man kann es ja immerhin einmal versuchen, ob man auf diesem Weg einen Zugang findet. Das ist es, was hier „der erste Anlauf" genannt wird. Wenn es mit dieser Methode nicht klappt, ist gewöhnlich genügend Zeit, andere auszuprobieren (die später noch vorgestellt werden).

4.2.1 Rainer Maria Rilke: *Herbst*

Die Blätter fallen, fallen wie von weit,
als welkten in den Himmeln ferne Gärten;
sie fallen mit verneinender Gebärde.

Und in den Nächten fällt die schwere Erde
aus allen Sternen in die Einsamkeit.

Wir alle fallen. Diese Hand da fällt.
Und sieh dir andre an: es ist in allen.

Und doch ist Einer, welcher dieses Fallen
unendlich sanft in seinen Händen hält.

Spätestens auf den zweiten Blick müsste einem hier etwas auffallen: die aufdringliche Wiederholung des Verbs „fallen" in verschiedenen Variationen, d. h. Verbformen, nämlich als 3. Person Singular, 1. und 3. Person Plural und als substantiviertes Verb. In den nur neun Versen dieses kleinen Gedichts tritt das Wort „fallen" nicht weniger als siebenmal auf! (So etwas lässt sich eigentlich nicht übersehen.)

Die vorläufige Folgerung aus dieser ersten Feststellung wäre nun doch, dass dieses Gedicht in irgendeiner Weise vom Fallen handelt. Was das mit dem Thema *Herbst* zu tun hat, muss dann selbstverständlich noch untersucht werden. Die nächstliegende Frage ist: Wer oder was fällt? Die Antwort lautet: „die Blätter", „die (...) Erde", „wir alle" und schließlich „diese Hand". – Das ist doch schon ein Ergebnis.

Außer dem Verb „fallen" treten im ganzen Text nur drei andere Verben auf, und zwar je einmal: „welken", „sehen" und „halten". „Welken" gehört ganz offensichtlich zum Thema „Herbst"; „sehen" bezieht sich nicht auf den Vorgang, sondern erscheint als Aufforderung („sieh!") an den Leser und kann daher für die Interpretation vernachlässigt werden; „halten" bildet den Schlusspunkt, und das ist zweifellos von Bedeutung: Diese Kaskade fallender Gegenstände und Personen stürzt nicht ins Bodenlose, sondern wird am Ende von den Händen des Einen, d. h. Gottes, „unendlich sanft" aufgefangen. – Das Gedicht, welches man zunächst vielleicht als Ausdruck von Verzweiflung missverstehen könnte, endet ganz tröstlich, in tiefem Vertrauen auf Gott, auf den letzten Endes alles zufällt.

Wie man sieht, führt diese Interpretation, die allein vom auffälligsten Element des Textes ausgeht, schon zu einem recht guten Verständnis des Ganzen. Aber freilich ist damit der Text noch nicht ausgeschöpft. Viele Schüler scheitern dann z. B. immer noch an der Interpretation der zweiten Strophe. Sie verstehen einfach nicht, was es heißt, dass die Erde „aus allen Sternen" fällt. Vielleicht räsonieren sie dann noch, dass die Erde ohnehin kein Stern sei, aber das führt zu nichts.
Wenn man an einer Stelle wie dieser stecken bleibt, geht man sinnvollerweise ein paar Schritte zurück, um einen neuen Anlauf zu nehmen. Warum fallen (in der 1. Strophe) die Blätter nicht einfach von den Bäumen, sondern „wie von weit", nämlich geradezu aus himmlischen Gärten? – Hier darf man nicht anfangen zu phantasieren, sondern muss sich die konkrete Situation vorstellen: Es ist Herbst; das Laub fällt von den Bäumen, aber der Betrachter sieht offenbar die Bäume nicht (oder kaum), sondern nur die fallenden Blätter. Wie lässt sich das am einfachsten erklären? Es hat Nebel! Man stelle sich nur einen kühlen Herbstmorgen vor: Hochdruckwetter; die Nacht war kalt; gegen Morgen hat sich so dichter Nebel gebildet, dass man nicht einmal mehr die Kronen der Bäume sieht: nur Stämme und fallende Blätter. Also gut.
Ist man an diesem Punkt angelangt, erkennt man auch, warum die Erde aus den Sternen fällt. Am Abend eines schönen Herbsttages ist der Himmel noch klar. In den ersten Nachtstunden sieht man einen wunderbaren Sternenhimmel. (D. h. die Erde schwebt noch erkennbar in einem Universum von Sternen.) Aber irgendwann im Laufe der Nacht zieht Nebel auf und verschluckt vom Horizont her allmählich die ganze Sternenpracht. (Die Erde fällt nun gewissermaßen aus dem Universum.) Die Wirkung ist: Einsamkeit! – Voilà, das ist alles. Rilke hat nur genau beobachtet.

Merke:

1. *Wenn man ein Gedicht interpretieren will, muss man die Sache so nüchtern wie möglich angehen. Man darf sich nicht hineinsteigern. Vor allem muss man seine Phantasie zügeln! (Leute, die ihrer Phantasie freien Lauf lassen, kommen oft zu den unsinnigsten Interpretationen.)*
2. *Man sollte sich die Situation, die der Dichter vor Augen gehabt hat, so konkret wie möglich vorstellen. (In unserem Fall hier: Herbstmorgen mit dichtem Nebel.) Dichter sind keine Narren; sie faseln nicht irgendetwas daher. Sie meinen es ernst. Und man sollte sie auch ernst nehmen.*

4.2.2 Marie Luise Kaschnitz: Rückkehr nach Frankfurt

Das wußte ich nicht, wie bald
Ruinen verwittern,
Wie sie, noch eh' die Gestalt
Vergessen ist und die Namen
Ausgelöscht, sich besamen,
Wie die Gräser wehen und zittern
Über dem Bogen und drin
Zinnkraut und blühende Halme
Stehn wie am Urbeginn.
Und wie schnell das alles verschwunden,
Verrottet, verfilzt, verweht,
Was der Mensch erfunden,
Mittel und Gerät,
Und wie gleich dem Moos der Äste,
Verklammert und verpecht,
Hängen im Leeren die Reste
Von Stiege und Drahtgeflecht,
Und wie am Abend, lange
Nachdem schon das Licht verglüht,
Die Ziegelwand über dem Hange
Wie Rosen blüht.

Der Text bietet gleich zwei Einstiegsmöglichkeiten, eine eher formale und eine inhaltliche. Beide sind so auffällig, dass ein aufmerksamer Leser sie eigentlich nicht übersehen kann. Der Anfänger aber wird vielleicht trotzdem nicht sofort erkennen, worauf es ankommt. Dann soll er einfach systematisch ein paar Möglichkeiten ausprobieren.

Er untersuche also:

den Satzbau,
einzelne Wortarten (Verben, Substantive, Adjektive) bzw. Satzteile (Subjekte, Prädikate, Adverbialien ...),
die Reimwörter,
den Rhythmus.

Im vorliegenden Fall wird man gleich bei Punkt 1 fündig: Das Gedicht besteht aus einem einzigen kurzen Hauptsatz („Das wußte ich nicht, ..."), der ganze Rest, d. h. etwa 95 Prozent, besteht aus lauter abhängigen Sätzen, ja sogar aus lauter Objektsätzen, die zu allem Überfluss auch noch sämtliche mit derselben Konjunktion angeschlossen werden: „wie bald..., wie sie..., wie die Gräser..., und wie schnell..., und wie gleich..., und wie am Abend..." Diese ganze lange Kette abhängiger Sätze hängt, wie gesagt, an dem einzigen Aufhänger „Das wußte ich nicht". Genau genommen hat dieser Hauptsatz sogar schon ein Objekt: „das", sodass die folgenden sechs Objektsätze eigentlich nur ausführen, worauf in diesem demonstrativen „das" bereits hingewiesen ist. Aber was bedeutet dies nun für die Interpretation?

Man stelle sich vor, ein Mensch sagte in einer bestimmten Situation einfach: „Das wusste ich nicht!" Was heißt das? Es heißt, dass er sich entschuldigen will; dass er überrascht, vielleicht fassungslos vor einer Situation steht, die er nicht hat kommen sehen. Vielleicht ist er sogar selbst an dem mitschuldig, was eingetreten ist, aber er ist sich dessen vorher nicht bewusst gewesen. Es kann sein, dass er nur ein unbedachtes Wort gesagt hat, das einen anderen nun völlig aus der Fassung bringt.

So steht hier das lyrische Ich ziemlich überrascht, überfordert, verwirrt in den Ruinen der im Krieg zerstörten Stadt Frankfurt, die es sich offenbar ganz anders vorgestellt hat. Es hat wohl nur an Trümmer, Schutt und Staub gedacht, aber nicht daran, wie schnell die Natur zurückkehrt, wenn die Kultur am Ende ist. Überrascht stellt es fest, dass es in den Ruinen grünt und blüht, ja dass einige Bauelemente (Stiege, Drahtgeflecht, Ziegelwand) selbst ein pflanzliches Aussehen angenommen haben. Kurzum: In diesen Wie-Sätzen wird deutlich, wie wenig es von solch einer Ruinenlandschaft doch wusste, bevor es sie gesehen hatte. Es ist übrigens positiv überrascht: Es hatte nicht gedacht, dass dieses Bild so poetisch wäre.

Man könnte aber die Interpretation ebenso gut bei Punkt 2 ansetzen, bei den Wortarten. Hier müssten die vielen Verben mit der Vorsilbe „ver-" auffallen: verwittern, vergessen, verschwinden, verrotten, verfilzen, verwehen, verklammern, verpechen, verglühen. (Das sind immerhin neun!) Nun verändert die Vorsilbe „ver-" die Bedeutung eines Verbs oft zum Negativen: „werfen" ist z. B. neutral, „verwerfen" eindeutig negativ; es bedeutet etwas daneben werfen („sich verwerfen") oder wegwerfen oder, im übertragenen Sinn, jemand oder etwas gänzlich ablehnen. „Zweifeln" bedeutet zwar eine kritische Haltung zu einem Gegenstand, „verzweifeln" aber einen Endpunkt, die Unmöglichkeit weiterzumachen.

Die Häufung der Komposita mit „ver-" im Gedicht der Kaschnitz erzeugt auf jeden Fall einen recht düsteren Eindruck, vor allem wenn solche Verben wie im Zentrum des Textes unmittelbar aneinander gereiht sind: „alles verschwunden, / verrottet, verfilzt, verweht". Setzt man die Interpretation an diesem Punkt an, darf man danach allerdings nicht übersehen, dass die Autorin auf der düsteren Folie der Zerstörung desto hoffnungsvoller die Farben des Lebens wahrnimmt: „blühende Halme" und eine Ziegelwand, die „wie Rosen blüht".

Man beachte, dass damit keine vollständige Interpretation geliefert ist. Das sind nur Ansätze! Es geht hier ausschließlich darum, Zugänge zu einem Text zu finden. Hat man auch nur einen richtigen Zugang gefunden, kann man von dort aus gewöhnlich nicht mehr völlig in die Irre gehen.

4.3 Der Aufbau

Grundsätzlich wird eine Interpretation nicht anders aufgebaut als jeder andere Aufsatz auch. Man schreibt

1. eine Einleitung,
2. die Durchführung und
3. einen Schluss.

Dabei ist der Schreiber in der Einleitung wie auch beim Schluss freier als im Hauptteil. Was einem als Einleitung einfällt oder was einer abschließend bemerkt, ist weit gehend subjektiv und daher für den Beurteiler (den Lehrer) nicht vorhersehbar. Man könnte allenfalls den Tipp geben: Je origineller beides ist, desto größer die Wirkung auf den Leser. Im Hauptteil (der Durchführung oder eigentlichen Interpretation) hingegen ist man unfrei: Hier setzt der vorgegebene Text die Maßstäbe, nicht der Interpret! Dessen sollte man sich bei jedem Deutungsversuch immer bewusst bleiben.

4.3.1 Die Einleitung

Ein ordentlicher Aufsatz, also auch eine Gedichtinterpretation, beginnt mit einer Einleitung. Einleitung heißt Hinführung zum Thema; das Ziel ist damit klar. Die Schwierigkeit liegt beim Ausgangspunkt: Von *woher* führe ich den Leser zum Thema? Antwort: *Von irgendwoher!* Grundsätzlich kann ich von jedem beliebigen Punkt zu einem bestimmten Thema kommen, es muss mir nur irgend etwas einfallen. Mit anderen Worten: Ein bisschen Phantasie ist schon nötig, wenn man eine hübsche Einleitung schreiben will. Oft genügt es, sich von der Gedichtüberschrift oder einem markanten Stichwort im Text inspirieren zu lassen. Im Prinzip ist man da völlig frei. Aber es ist immer ein Armutszeugnis, wenn man etwa so anfängt: „Goethe hat um 1776/78 ein Gedicht geschrieben mit dem Titel *An den Mond*. Es gibt davon zwei Fassungen ..." (Wenn jemand so anfängt, tippt der Lehrer von vornherein auf etwa „befriedigend".)

Ich würde z. B. so beginnen:
„Seitdem ein paar Amerikaner dort oben herumgetrampelt sind, ist der Mond auch nicht mehr, was er einmal war. ‚Ein großer Schritt für die Menschheit' – in welche Richtung? Man kann auch nicht mehr behaupten, es sei einem etwas so ‚unbekannt wie die Rückseite des Mondes'. Dank unserer großartigen Satellitentechnik kennen wir die inzwischen besser als das Gesicht des Mieters im dritten Stock über uns (zum Beispiel!). Der Mond ist völlig entzaubert; wer möchte heutzutage noch ein Gedicht über ihn schreiben! Doch eben deshalb kann man Goethe nicht vorwerfen, dass er vor über zweihundert Jahren ein Gedicht *An den Mond* geschrieben hat: Damals war der fremd-vertraute Himmelskörper noch unberührt und inspirierte die Menschen zu Gedanken und Gefühlen, die ihnen inzwischen womöglich abhanden gekommen sind."
Voilà, das wäre so eine Einleitung, wie sie mir spontan einfällt. Anderen Leuten dürften natürlich andere einfallen. Wichtig ist nur, dass am Ende (oder gegen Ende) Autor und Titel des Textes genannt sind, den man interpretieren will (oder soll). In allem Übrigen ist man frei.

4.3.2 Die Durchführung

Wenn ein Lehrer seine Schüler auf eine Klassenarbeit mit Gedichtinterpretation vorbereitet, treten immer wieder einige mit der Bitte an ihn heran, ihnen doch ein Schema zur Verfügung zu stellen, an das sie sich halten könnten. Lässt sich der Lehrer auf so etwas ein, kommt meist Folgendes heraus: 1. Beschreibung der Form, 2. Wiedergabe des Inhalts, 3. persönliches Urteil. Im Endergebnis finden sich dann im Aufsatz völlig zusammenhanglose Einzelteile. Vor allem geht die Beschreibung der Form gar nicht in die Interpretation ein, sondern steht isoliert daneben. Auf diese Weise kann man aber einem Kunstwerk nicht gerecht werden, dessen Besonderheit ja eben darin besteht, dass seine Aussage in dieser bestimmten Form gemacht ist, und zwar notwendigerweise; denn in einer anderen Form wäre es nicht dieses Gedicht oder wahrscheinlich gar kein Gedicht, sondern z. B. ein Prosatext.
Welches Schema soll man also anwenden? Die vorläufige Antwort lautet: gar keines! Jedes Gedicht ist individuell zu behandeln; generelle Vorgaben schaden mehr als sie nützen. Bildlich gesprochen: Es lassen sich selten zwei Gedichte über einen Kamm scheren. Man muss für jedes einzelne Gedicht das ihm angemessene Verfahren erst entwickeln. Darin besteht ja die Schwierigkeit, zugleich aber auch der außergewöhnliche Reiz der Interpretation. Es ist jedes Mal eine Überraschung, was als Ergebnis dabei herauskommt.
Damit ist dem Schüler nun freilich wenig geholfen. Er bleibt unsicher, wie er vorgehen soll. Darum muss die bisher negative Aussage, es gebe kein Schema, revidiert werden: Die einzelnen Schritte des Vorgehens sind im Gedicht selbst vorgegeben. Bei einem klassischen Gedicht z. B., das auf den ersten Blick ganz durchsichtig, d. h. ohne weiteres verständlich erscheint, wird man mit einem zweiten Blick herausfinden müssen, was das Besondere daran ist, d. h. ob nicht doch (auf einer tieferen Bedeutungsebene)

mehr dahintersteckt, als man zunächst wahrnimmt. Bei einem modernen Gedicht dagegen besteht die Schwierigkeit oft darin, überhaupt zu erkennen, was mit den fremden oder dunklen Bildern gemeint ist. Hier muss man dann detektivisch vorgehen und die verschiedenen Indizien, die auf eine bestimmte Aussage hindeuten, sammeln, sichten und auswerten, um zu überzeugenden Schlussfolgerungen zu gelangen.
Etwas sollte man grundsätzlich vermeiden: das Gedicht Vers für Vers und Strophe für Strophe nachzuerzählen. Man muss immer den Überblick über das Ganze bewahren, damit nicht einzelne isolierte Aussagen zu falschen Schlüssen verleiten und am Ende alles nicht mehr zusammenstimmt.
Man versuche es also grundsätzlich mit Längsschnitten durch den Text von Anfang bis Ende: Man suche nach bestimmten Wortfeldern oder verwandten Begriffen, nach ähnlichen Bildern oder typischen Satzbauelementen (Wiederholung bestimmter Aussage- oder Frageformen, Häufung bestimmter Nebensätze o. Ä.). Diese Schnitte ergeben dann, sinnvoll geordnet, die verschiedenen Abschnitte der Darstellung. Man mache also nicht vorher ein abstraktes Schema, sondern ordne nachher die bei der Textanalyse erprobten Schritte zu einem Fortgang von vorläufigen Vermutungen und Beobachtungen zu definitiven Ergebnissen und Aussagen.
Dabei darf man durchaus auch die Um- und Irrwege erwähnen, die man bei seinem Interpretationsversuch gegangen ist. Man gebe ruhig zu, dass man z. B. ein Gedicht, das sich am Ende als ein religiöses herausstellt, zunächst für ein einfaches Liebesgedicht gehalten hat, oder dass man zunächst nicht bemerkt hat, dass dieses scheinbare Naturgedicht in Wahrheit das Bild einer Seelenlandschaft, also eine innere Wirklichkeit darstellt. Dergleichen gibt dem Aufsatz eine persönliche Note und erlaubt zudem eine Grobgliederung der Durchführung:

1. die vorläufige, u. U. sogar falsche Deutung,
2. die Richtigstellung bzw. gültige Interpretation.

Ob man beim Aufbau Inhalt oder Form in den Vordergrund stellt, hängt vom Gedicht ab. Es gibt dafür keine allgemeine Regel. Wo der Inhalt leicht darzustellen ist, wird man wohl davon ausgehen und dann in die Geheimnisse und Besonderheiten der Form einzudringen versuchen. Wo die Form unauffällig oder gewöhnlich ist, wird man mehr Mühe auf die Analyse des Inhalts verwenden. Eigentlich ist dergleichen selbstverständlich und muss hier nicht umständlich hin- und hergewälzt werden. (Die Beispiele in diesem Buch bieten hoffentlich genügend Anschauungsmaterial.)

4.3.3 Der Schluss

Von den Teilen eines Interpretationsaufsatzes ist der Schluss wahrscheinlich der unwichtigste, in manchen Fällen sogar entbehrlich. Denn wenn eine Interpretation wirklich gelungen ist, dann ist am Ende des Hauptteils alles gesagt, und es langweilt den Leser, danach noch eine Art Zusammenfassung geboten zu bekommen.
Was also? Man kann noch ein paar persönliche Bemerkungen anschließen, z. B. erwähnen, was einem an dem Gedicht besonders gefallen oder was einen daran irri-

tiert hat. Literarische Wertungen abzugeben, ist meist eine prekäre Sache. Schüler, wohl auch manche Studenten, die noch wenig Erfahrung mit Lyrik haben, greifen bei ihren Wertungen oft völlig daneben und stufen Texte höchster Qualität als minderwertig ein – oder umgekehrt. Man überlasse also die Wertungen den Literaturgeschichten, wo sie oft genug auch recht fragwürdig sind.

4.4 Ein paar Beispiele

Wie das Ergebnis all dieser Bemühungen um die Interpretation eines Gedichts aussehen könnte (nicht müsste!), sollen ein paar Beispiele veranschaulichen. Diese sind keineswegs als Musteraufsätze zu lesen, sondern als Anregungen zu nehmen: So oder so ähnlich könnte man über dieses oder jenes Gedicht schreiben. Mehr besagt das nicht; denn in jedem Kopf stellt sich die Wirklichkeit anders dar, auch die Wirklichkeit eines Gedichts. Wichtig ist nur, dass man sie ernst nimmt, grundsätzlich ernster als alles, was man selbst dazu meint.

4.4.1 Joseph von Eichendorff: *Sonette. An A…*

II
Wir sind so tief betrübt, wenn wir auch scherzen,
  Die armen Menschen mühn sich ab und reisen,
  Die Welt zieht ernst und streng in ihren Gleisen,
  Ein feuchter Wind verlöscht die lust'gen Kerzen.

Du hast so schöne Worte tief im Herzen,
  Du weißt so wunderbare, alte Weisen,
  Und wie die Stern am Firmamente kreisen,
  Ziehn durch die Brust dir ewig Lust und Schmerzen.

So lass dein' Stimme hell im Wald erscheinen!
  Das Waldhorn fromm wird auf und nieder wehen,
  Die Wasser gehn und einsam Rehe weiden.

Wir wollen stille sitzen und nicht weinen,
  Wir wollen in den Rhein hinuntersehen,
  Und, wird es finster, nicht von sammen scheiden.

Es ist gewöhnlich ärgerlich oder zumindest verwirrend, wenn man in eine Gesprächsrunde tritt und die Versammelten beständig über Leute reden, die man nicht

kennt. Man weiß zunächst gar nicht, von wem die Rede ist; dann fällt vielleicht ein Name, mit dem man nichts verbindet; schließlich resigniert man, weil man einfach nicht mitreden kann.
So ähnlich könnte es einem auch bei Eichendorffs Gedicht *An A...* ergehen: Da heißt es in der 1. und 4. Strophe mehrmals „wir", ohne dass damit auch nur einmal angedeutet wäre, wer damit gemeint ist. In der 2. und 3. dagegen wird ein Du angesprochen, aber auch hier ohne Erläuterung. Allerdings lässt sich aus dem Kontext relativ leicht erschließen, wer das sein könnte: Es wird von ihm gesagt, er habe „so schöne Worte" und „so wunderbare, alte Weisen". Also muss es wohl ein Dichter oder Sänger sein, zumindest der Vorsänger des hier versammelten Kreises von Menschen. Und es dürfte ein sensibler, empfindsamer Mensch sein, denn es wird von ihm behauptet, dass „ewig Lust und Schmerzen" durch seine Brust zögen.
Wer aber sind die andern, die hier durch das Pronomen „wir" zusammengefasst sind? Wahrscheinlich nicht „die armen Menschen", die in Vers 2 genannt werden; denn diese sind es eben, über deren Schicksal die Runde betrübt ist. Mit Sicherheit lässt sich aus der 4. Strophe schließen, dass sich da eine Gruppe von Menschen zusammengefunden hat, die sich verstehen und entschlossen sind, beisammenzubleiben. Sie sitzen wohl irgendwo draußen, schauen auf den Rhein hinunter, wenn es Abend wird, und ähneln jedenfalls sehr jenem romantischen Kreis um Joseph Görres, den Eichendorff in seinen Erinnerungen an Heidelberg beschrieben hat.
Was den Einstieg in das Gedicht schwierig macht, ist wohl die für das Volkslied so typische Synopse von Vorgängen, die auf den ersten Blick nichts miteinander zu tun haben: Da ist der Reihe nach von der Gruppe die Rede, von bestimmten anderen Menschen, von der Welt und vom Wind, und das alles in vier Verszeilen. Ähnlich synoptisch wirkt das Bild der 3. Strophe, wo von der Stimme des Sängers, dem Waldhorn, dem Wasser und von Rehen gesprochen wird. Solche mit Absicht verschwommen aufgenommenen Bilder wirken zwar durchaus „romantisch", sind jedoch im Einzelnen schwer deutbar.
Dazu kommt eine ungewohnte, eigenwillige Verwendung der Verben: Die Stimme erscheint, das Waldhorn weht, die Wasser gehn, die Rehe weiden. Man würde normalerweise erwarten, dass die Stimme erschallt, das Waldhorn ertönt, das Wasser fließt, die Rehe äsen. Aber Eichendorff kümmert sich wenig um solche Vorurteile. Er geht auch souverän von anderen Vorstellungen ab, die er selbst sonst gerne erweckt: Das Reisen z. B. ist in anderen Gedichten wie auch im *Taugenichts* gewöhnlich Ausdruck von Ungebundenheit, Freiheit, Abenteuer, jedenfalls immer positiv gesehen, hier aber auf einmal negativ gemeint: als Mühe.
Überhaupt liegt über dem ganzen Gedicht eine eher gedrückte Stimmung. Schon die erste Aussage bekennt: „Wir sind so tief betrübt ...", und die letzte ist eine Aufforderung an die Freunde, in der Finsternis beisammen zu bleiben. Die Gruppe fühlt sich nahezu von der Welt bedroht. Dabei ist diese Welt keineswegs aus dem Lot, im Gegenteil: sie „zieht ernst und streng in ihren Gleisen"; auch die Sterne ziehen am Firmament ihre vorgegebenen Bahnen. Aber vielleicht wird gerade diese strenge Ordnung vom Romantiker Eichendorff und seinen Freunden als Begrenzung und

somit als feindlich empfunden. Andererseits nimmt die Form des Sonetts zumindest äußerlich eben diesen Ordnungscharakter der Weltgesetze auf und spiegelt ihn formal wider.
Es sieht fast so aus, als wäre die Romantik mit ihrem Willen zur universalen Poetisierung auf den harten Widerstand der Realität gestoßen und dadurch verunsichert. Das Bild von den Kerzen, die der Wind auslöscht, deutet auf die Übermacht des Wirklichen, die den romantischen Kreis bedroht. Darum muss er zusammenhalten; darum muss einer seine Stimme erheben oder, wie es in überraschender Synästhesie heißt, „erscheinen" lassen.
Diese(r) eine, der/die im Zentrum des Gedichts mehrmals mit „du" angesprochen wird, könnte jene(r) im Titel chiffrierte „A..." sein, ebenso gut Eichendorff selber. Die Aussagen, die über dieses Du gemacht werden, passen jedenfalls überraschend gut auf einen romantischen Dichter. Dieser ermuntert sich also wohl selber, seine Stimme in einer finsterer werdenden Welt zu erheben. Aber es ist nicht die Stimme eines politischen Redners oder eines Moralpredigers, sondern die eines Sängers, der „so wunderbare, alte Weisen" kennt. Er setzt einer deutlich spürbaren Bedrohung auf typisch romantische Art seine Poesie entgegen und beruhigt mit seiner Sprachmusik sich und seine Freunde, wie eine Mutter am Abend ihr Kind, das sich vor der Nacht fürchtet, in den Schlaf singt. Das ist keine Flucht aus der Wirklichkeit, sondern die richtige Antwort in dieser Situation.

4.4.2 Eduard Mörike: *Denk es, o Seele!*

Ein Tännlein grünet wo,
Wer weiß, im Walde;
Ein Rosenstrauch, wer sagt,
In welchem Garten?
Sie sind erlesen schon,
Denk es, o Seele,
Auf deinem Grab zu wurzeln
Und zu wachsen.

Zwei schwarze Rösslein weiden
Auf der Wiese,
Sie kehren heim zur Stadt
In muntern Sprüngen.
Sie werden schrittweis gehn
Mit deiner Leiche;
Vielleicht, vielleicht noch eh
An ihren Hufen
Das Eisen los wird, das ich blitzen sehe.

Wer denkt schon gern an den Tod, wenn er nicht gerade schwermütig ist! Aber es gibt Leute, die von Berufs wegen immer wieder mit Sterbenden und Toten zu tun haben: Ärzte und Krankenschwestern, Leichenbestatter und Pfarrer. Da Mörike evangelischer Pfarrer war, dürfte er auch einige Grabreden gehalten haben. So verwundert es kaum, dass das Thema „Tod" Eingang in seine Lyrik gefunden hat: Eines seiner bekanntesten Gedichte, *Denk es, o Seele!*, befasst sich eben damit.

Auf den ersten Blick merkwürdig ist, dass Mörike die zeitliche Abfolge von Sterben, Beerdigung und Grabesruhe umdreht: Die erste Strophe spricht vom Grab, die zweite deutet den Leichenzug an, und vom Sterben ist dann gar nicht die Rede. Woran also soll die Seele denken? Oder was bedenkt Mörike?

Liest man den Text aufmerksamer, bemerkt man gleich zu Beginn eine eigenartige Satzkonstruktion: „Ein Tännlein grünet wo, / Wer weiß, im Walde". Die eingeschobene Frage „Wer weiß?" wird kaum als Frage wahrgenommen, da der Hauptsatz einfach darüber hinweggeht. Auch das Pronomen „wo", das man als Fragepronomen lesen könnte, ist offenbar ein Indefinitpronomen und bedeutet „irgendwo". Was übrig bleibt, ist die simple Aussage „Ein Tännlein grünet (...) im Walde." Der Einschub jedoch, als Frage gelesen, lautete: „Wer weiß, wo?" In der Aussage, dass da im Wald eine junge Tanne heranwächst, klingt also zugleich die Frage mit, wo das sei. Im zweiten Teil des Satzes wird die Frage nach dem Wo deutlicher formuliert: „(...) wer sagt, in welchem Garten?" – Sicher ist also, dass da irgendwo eine Tanne und ein Rosenstrauch wachsen, es bleibt nur die Frage offen: wo?

Dieselbe Unentschiedenheit wiederholt sich in der zweiten Strophe: Dass da zwei junge Rappen auf der Weide grasen und dann übermütig springend zum Stall zurückkehren, ist sicher. Ja, es scheint sogar ausgemacht, dass sie einmal den Leichnam des Angesprochenen zum Friedhof ziehen werden; die Frage ist nur: wann? Die Unsicherheit, die in der ersten Strophe durch „wo" und „in welchem?" vermittelt wird, kommt in der zweiten in einem doppelten „vielleicht" (V. 15) zum Ausdruck. Man könnte nun versucht sein, das erste „vielleicht" zum vorausgehenden Satz zu ziehen: Dann würde es heißen, dass diese Pferde vielleicht einmal den Leichenwagen ziehen werden. Aber die Interpunktion widerspricht dieser Annahme. Beide „vielleicht" gehören zur folgenden Aussage vom Hufeisen.

An dieser Stelle sollte man etwas nicht überlesen: Das doppelte „vielleicht" ist nicht sinnlos oder durch das vorgegebene Versmaß erzwungen, sondern höchst ausdrucksvoll. Man kann die beiden „vielleicht" unmöglich gleich lesen; denn das zweite gehört in den folgenden Satzbogen, das erste aber steht isoliert zwischen dem Hauptsatz und dem Temporalsatz. Man macht unwillkürlich eine Pause beim Strichpunkt nach „Leiche" und sieht sich genötigt, nach dem ersten „vielleicht" noch eine zu machen:
„(...) Mit deiner Leiche // Vielleicht // vielleicht noch eh (...)"
So bekommt dieses Wort ein besonderes Gewicht und bildet den eigentlichen Schwerpunkt der Strophe.

Aber was bedeutet das für die Interpretation? Es deutet darauf hin, dass das Gedicht um die Frage nach dem Zeitpunkt des Todes kreist. *Dass* man sterben muss, ist ja klar; die Frage ist nur: *wann?* Aber es könnte durchaus sehr bald sein. Geht man

davon aus, dass so ein Hufeisen vielleicht ein Jahr hält, würde es in diesem Fall heißen, dass man schon im Verlauf dieses Jahres sterben könnte.
Dem humanistisch Gebildeten wird an diesem Punkt nun wahrscheinlich ein römisches Sprichwort einfallen: Mors certa, hora incerta. (Der Tod ist gewiss, der Zeitpunkt ungewiss.) Tatsächlich besagt ja das ganze Gedicht Mörikes kaum etwas anderes. Es ergänzt nur die Frage „wann?" durch die Frage „wo?" Wo wächst jetzt schon der Baum oder der Strauch heran, der einst auf meinem Grab stehen wird?
Machen wir uns nichts vor: Im Text ist zwar von „deinem Grab" und von „deiner Leiche" die Rede, aber es ist unser Grab, für jeden sein eigenes. Der nachdenkliche Ton des Gedichts deutet an, dass die angesprochene Seele die eigene ist. Wie einer bei der Erzählung eines Missgeschicks sagen kann: „Da siehst du alt aus!" und dabei sich selber meint, so denkt auch das lyrische Ich hier zweifellos zunächst an sich und an seinen Tod. Aber gerade dadurch zwingt es den Leser, auch an sein Ende zu denken. Womöglich ist es das, was diesem so zögernd formulierten Text eine solche Wucht verleiht.

4.4.3 Günter Eich: *Latrine*

(Der Text findet sich im 2. Teil unter der Chiffre 2.8.1., S. 42)

Eine Latrine scheint nicht gerade der geeignete Gegenstand für ein Gedicht. Zumindest war es lange die landläufige Meinung, ein Gedicht befasse sich mit dem Schönen, Guten und Wahren. Freilich wurde auch das Kleine, Bescheidene nicht ganz vergessen: die Hütte am Dorfrand, das arme Kind, der aus dem Nest gefallene Spatz. Aber – mit Verlaub gesagt – die Scheiße war tabu. Trotzdem hat Günter Eich ein Gedicht mit dem Titel *Latrine* über diesen anrüchigen Gegenstand geschrieben.
Das lyrische Ich dieser Verse schildert sich in der Hocke über einem Graben, vielleicht auf dem sog. Donnerbalken. Der Blick streift die Landschaft (bewaldete Ufer, Gärten) und verweilt dann bei den Wolken, wie sie sich im Spiegel der Latrine darstellen. Im Ohr hat es Verse, ausgerechnet Hölderlin; es zitiert zwei Verszeilen aus der Hymne *Andenken*:
„Geh aber nun und grüße / die schöne Garonne –"
Warum wohl gerade Hölderlin? Doch bestimmt nicht, weil sich der „holde Name" auf Urin reimen lässt. Möglicherweise, weil sich das lyrische Ich in Frankreich, an der Garonne aufhält. Am ehesten aber, weil damals so viele Leute mit Hölderlinversen in den Tod geschickt wurden; weil bis zum Überdruss „O heilig Herz der Völker, o Vaterland!" oder
„(...) Lebe droben, o Vaterland,
Und zähle nicht die Toten! Dir ist,
Liebes! nicht Einer zuviel gefallen"
und ähnliche Stellen zitiert wurden, herausgerissen aus dem idealistischen Hölderlin'schen Kontext, missbraucht, aber eben doch Hölderlin. Und so versinkt nun sein Pathos mit dem furor teutonicus des Krieges „in den Schlamm der Verwesung".

Trotz dieser negativen Sicht der Zustände wirkt das Gedicht keineswegs hässlich. Es ist sogar gereimt, wenn auch mit einer sehr einseitigen Auswahl von Reimwörtern: zweimal steht „Urin" im Reim, einmal „Kot", und das bei insgesamt nur vier Reimpaaren! Nur das „Garonne" aus dem Hölderlinzitat wird unauffällig auf „davon" gereimt, der Name Hölderlins selber jedoch auf „Urin", „Boot" auf „Kot".
Also, grob gesagt, reimt sich das Ganze auf Kot und Urin. Dazu passt der stinkende Graben mit dem mit Blut und Urin getränkten Papier, dazu passen die Schmeißfliegen, der Schlamm und noch das Bild vom gestrandeten Boot. – Alles negativ? Ja und nein.
Die Schmeißfliegen funkeln, die Ufer sind bewaldet, die Wolken erscheinen „in schneeiger Reinheit". Mehr noch verrät die Wahl der Attribute: positive (funkelnd) stehen bei minderwertigen (Fliegen), negative (gestrandet) bei poetischen Gegenständen (Boot). Schön und hässlich lassen sich nicht trennen. Die Situation auf dem Donnerbalken kann nicht verhindern, dass das Gedächtnis Hölderlinverse aufbewahrt (die freilich irr klingen!), die Wolken, auch im Urin gespiegelt, behalten ihre Reinheit.
Das ist keine heile Welt. Der Boden schwankt unter den Füßen. Aber auch der „Schlamm der Verwesung", die Todeswelt des Schlachtfelds, hat ihre morbide Schönheit; die wird nicht geleugnet. Sie wird sogar zum tragenden Element des Gedichts. Teilweise ist sie direkt betrachtet: „den Blick auf bewaldete Ufer, / Gärten, gestrandetes Boot", und zwar in den ersten zwei Strophen, dann in den folgenden beiden indirekt, gespiegelt in der Latrine. Und das ist die Provokation dieses Gedichts: Die Welt erscheint nicht nur im Spiegel eines gebildeten und sensiblen Menschen – das freilich auch, sonst könnte Hölderlin nicht zitiert werden –, sie erscheint auch nicht eigentlich poetisiert wie im Realismus des 19. Jahrhunderts, dass man ausrufen könnte: „Trinkt, o Augen, was die Wimper hält", nein, die Welt erscheint im Spiegel der Latrine.
Aber – und das ist die eigentliche Leistung des Gedichts – es kommt doch ein Bild der Welt heraus, der zwiespältigen, hässlich-schönen, verhasst-geliebten Wirklichkeit, scharf gesehen, ohne Verzerrung, und doch mit einem melancholischen Wohlwollen. Illusionen haben da freilich keinen Platz; dazu ist der Stand auf dem Boden dieser Wahrheit zu unsicher: „Unter den schwankenden Füßen / schwimmen die Wolken davon."
Wohl kein anderes Gedicht jener Kriegs- und Nachkriegsjahre hat die beschissene Lage so unpathetisch, so klar und deshalb so überzeugend zum Ausdruck gebracht.

4.4.4 Karl Krolow:
Ode 1950

Nicht mehr das traurige Stichwort: – Bequeme Parabel
Ist die Rede vom Nichts wie von herbstlichem Laub, das zersetzt
Sich zu brüchigem Rost. Die unbarmherz'ge Vokabel

Schreckt nicht mehr als der Fisch des Tobias zuletzt,
Wenn sie verbraucht ist im Munde, die als gespenstische Mode
Wie ein Feuer im Heu war und noch einmal Geist wird als Ode.

Aber was bleibt zu tun
Vor der trägen Gewalt
Des Daseins als auszuruhn,
Listig und mannigfalt:
Flüchten mit leichten Schuhn
In die Fabelgestalt
Oder auf äschernen Flüssen
Langsam treiben, von Küssen
Umarmenden Windes benommen,
Der aus der Höhe gekommen.

Formel der Früchte: Wer nennt sie? Auf tönenden Tischen
Der Tage gebreitet, in silbernen Schalen der Nacht!
Sinnlich und nah zu greifen. Ich suche mit Worten inzwischen
Die Flüchtigen aufzuhalten: mit einer Algebra, zart erdacht
Aus atmenden Silben, einem Bündel Gedanken, die baden
Im steigenden Halbmond wie das Geflecht der Plejaden.

Aber mit diesen
Namen aus Zauber
Ist nichts erwiesen:
Der gurrende Tauber,
Die süßen Geräusche –
Erhört wie bewusstlos –
Vergehen. Ich täusche
Sie vor als ein Sinn bloß
In Worten, in Zeichen,
Die keinen erreichen.

Also wieder ein Abgrund? – Kein Abgrund: Versuchung schon eher
Und ein zärtlicher Hinterhalt, dem man erliegt,
Poetische Falle, gestellt, wenn im Mittag der Mäher
Oder im Abend aus Schilf es melodisch sich biegt,
Das Bewusstsein, die Fähigkeit, zuversichtlich und heiter
Gewähren zu lassen, den Geist aus den Geistern zu ziehn
Und die Zeit zu erkennen, die vorbeijagt – phantastischer Reiter
Durchs Gewölk der Geschichte, in dem die Verhängnisse fliehn.
Ich lasse die summenden Drähte, das klingende Gitter
Der Worte zurück auf dem Grunde des Seins. Er ist leuchtend und bitter.

„lies keine oden, mein sohn, lies die fahrpläne:
sie sind genauer…“,
hat Hans Magnus Enzensberger *ins lesebuch für die oberstufe* geschrieben. Wollte man sich daran halten, dürfte man auch Karl Krolows *Ode 1950* nicht lesen. Aber vielleicht sollte man Enzensberger doch nicht allzu wörtlich nehmen; denn bekanntlich ist auch er nicht zur Bundesbahn gegangen, um Fahrpläne zu schreiben oder zu programmieren, sondern Schriftsteller geworden. Wenden wir uns also getrost jener Ode Krolows zu, die, unter uns gesagt, im strengen Sinn gar keine Ode ist, sondern moderne Lyrik mit unterschiedlichen Verslängen (zwischen zwei und sechs Hebungen) und außerdem gereimt.

Da sich der Inhalt dieses Gedichts auch nach dem zweiten oder dritten Lesen nicht ohne weiteres erschließt, stellt sich zunächst die Frage: Wovon spricht Krolow eigentlich? Welchen Gegenstand hat er ausgesucht? Als Antwort bietet sich zunächst an, er habe als Thema „die Rede vom Nichts“ gewählt. Doch über das Nichts lässt sich eigentlich nichts sagen, weshalb dieses Thema sogleich als „bequeme Parabel“ abgetan wird. Es war einmal „gespenstische Mode“, sogar „wie ein Feuer im Heu“, aber das war 1945. Jetzt schreibt man 1950: Der Schock der großen Katastrophe ist soweit überwunden, dass man wieder darüber reden und schreiben kann, sogar Gedichte, vielleicht eine „Ode“.

Es fällt auf, dass nun vom Nichts weiter gar nicht die Rede ist; das eigentliche Thema scheint etwas anderes zu sein: die Flucht „in die Fabelgestalt“, der Versuch, flüchtige Gestalten aufzuhalten, die Vortäuschung von Sinn, das poetische Fallenstellen, das „Gitter der Worte“. Aber was bedeutet das alles? Gemeint ist offenbar eine poetische Reflexion über Poesie, also eine Dichtung über Dichtung. Nun hat es ja immer Dichtung gegeben, aber die Frage nach ihrem Sinn ist damit nicht beantwortet. Und gerade damals, wo die These aufgestellt war, nach Auschwitz könne es keine Gedichte mehr geben, stellte sich diese Frage desto drängender.

Welche Antwort gibt nun Krolow? Welchen Sinn, welche Funktion, welche Bedeutung legt er der Dichtung bei? Da auch für ihn eine einfache Antwort nicht möglich ist, geht er die Sache dialektisch an: Die Ausgangsposition bildet die „träge Gewalt des Daseins“. Ihr wird als Gegenposition die „Flucht in die Fabelgestalt“ gegenübergestellt, eine Haltung, die man vielleicht ablehnen möchte. Aber sie wird damit gerechtfertigt, dass es darum gehe, das Flüchtige, das Zeitliche, einzuholen und aufzuhalten. Das Ergebnis, die Synthese sozusagen, wäre, eine „Formel der Früchte“, d. h. der sinnlichen Gegenstände zu finden und durch „Namen aus Zauber“, d. h. durch Sprachmagie, das Vergängliche zu bannen.

An dieser Stelle, wo eine Rechtfertigung der Dichtung gefunden scheint, stellt sie das lyrische Ich gleich wieder in Frage: Ist das nicht eine Täuschung, ein Abgrund? Aber der Einspruch dagegen folgt auf dem Fuß, noch im gleichen Vers. Nein, es ist eine „poetische Falle“, und was darin gefangen wird, heißt: Bewusstsein, Erkenntnis der Zeit. – Das Fazit lautet also: Dichtung ist ein Mittel zur Erkenntnis der Welt. Die Worte sind ein Raster, um den Grund des Seins genauer zu erfassen. Wie Archäologen bei ihren Ausgrabungen ein Gitter über die einzelnen Grabungshorizonte legen, um die genaue Fundstelle jedes Objekts fixieren zu können, so wird hier „das klingende Gitter / Der Worte" auf die Wirklichkeit gelegt, um jedem Ding seinen Platz zuzuweisen. Wie man sieht, ist die *Ode 1950* weniger eine Ode als vielmehr ein philosophisches Gedicht, ein Akt der Selbstreflexion eines Dichters über den Sinn seines Tuns. Wollte man sie in eine kleine Abhandlung übersetzen, käme etwa Folgendes heraus: „Mit nihilistischem Gerede lässt sich diese Zeit (1950) nicht mehr beschreiben; man redet vom Nichts nur noch gleichnishaft, meint es also nicht eigentlich. Das grausame Wort erschreckt nur noch einen Augenblick lang; es ist verbraucht. Ja, es war einmal (1945) ein wirklicher Brand, aber jetzt lässt es sich allenfalls noch in einem Gedicht geistig vergegenwärtigen ..."

Man könnte in dieser Weise den ganzen Text durchgehen, um ihn sich selbst zu erklären, aber man würde ihn durch diese Rationalisierung zugleich als Gedicht zerstören. Die gedankliche Struktur würde wie ein Gerippe übrig bleiben, abgelöst das Fleisch der Sprache, welches das Ganze erst zu einem Leib, einer ansehnlichen Gestalt macht. (Man spricht ja auch vom „Sprachleib" eines Gedichts.) Was den Text poetisch macht, sind die Bilder, die er vor Augen führt: Bilder von moderndem Herbstlaub und Feuer im Heu, von „äschernen Flüssen" und Früchten, von Tag und Nacht, von Halbmond und Plejaden, vom Mäher am Mittag und von Schilf, das sich im Abendwind biegt. Solche Bilder lassen sich nicht übersetzen; sie haben ihre eigene poetische Existenz und bedürfen keiner Rechtfertigung, müssen also auch nicht „erklärt" werden.

Nach landläufiger Meinung müssten nun die Gedanken das Feste sein, das Gitter, durch welches das Flüssige, die Sprache hindurchfließt. Aber bei Krolow ist es offenbar genau umgekehrt: Hier bilden die Worte das Gitter, und der Strom der Gedanken fließt strudelnd hindurch. Aber man sollte diesen Gegensatz nicht übertreiben; die Sprache ist kein starres System, welches die Gedanken rigoros kanalisiert, sondern ein „klingendes Gitter". Entscheidend für die Wirkung dieses Gedichts ist darum nicht das Gitter, sondern der Klang. Man muss es sich laut vorlesen und seinen strömenden Rhythmus genießen, wenn man es nicht nur als Theorie über Dichtung, sondern als Gedicht ganz erfassen will.

4.4.5 Hans Magnus Enzensberger: *Blindlings*

Siegreich sein
wird die Sache der Sehenden
Die Einäugigen
haben sie in die Hand genommen
die Macht ergriffen
und den Blinden zum König gemacht

An der abgeriegelten Grenze stehn
blindekuhspielende Polizisten

Zuweilen erhaschen sie einen Augenarzt
nach dem gefahndet wird
wegen staatsgefährdender Umtriebe

Sämtliche leitende Herren tragen
ein schwarzes Pflästerchen
über dem rechten Aug
Auf den Fundämtern schimmeln
abgeliefert von Blindenhunden
herrenlose Lupen und Brillen

Strebsame junge Astronomen
lassen sich Glasaugen einsetzen
Weitblickende Eltern
unterrichten ihre Kinder beizeiten
in der fortschrittlichen Kunst des Schielens

Der Feind schwärzt Borwasser ein
für die Bindehaut seiner Agenten
Anständige Bürger aber trauen
mit Rücksicht auf die Verhältnisse
ihren Augen nicht
streuen sich Pfeffer und Salz ins Gesicht
betasten weinend die Sehenswürdigkeiten
und erlernen die Blindenschrift
Der König soll kürzlich erklärt haben
er blicke voll Zuversicht in die Zukunft.

Im Herbst 1989 feierte die DDR ihr vierzigjähriges Bestehen, und der Staatsratsvorsitzende Honecker erklärte mit krähender Stimme: „Den Sozialismus in seinem Lauf halten weder Ochs' noch Esel auf." Etwa einen Monat später fiel die Mauer, und nach einem Jahr verschwand die ganze DDR. Aber Genosse Honecker hatte es nicht vorhergesehen und die Politiker im Westen ebenso wenig. Waren sie alle blind? Es scheint so. Vielleicht ist Zukunftsblindheit sogar eine der wichtigsten Voraussetzungen für eine politische Karriere, und möglicherweise lautet die Devise immer noch, wie im Ancien Régime: „Après nous le déluge!" (Nach uns die Sintflut) – Hans Magnus Enzensberger scheinen ähnliche Zweifel geplagt zu haben, als er sein Gedicht *Blindlings* schrieb.
Zweierlei fällt einem gleich bei der ersten Lektüre dieses Textes auf: Erstens spielt Enzensberger lustvoll mit dem Gegensatzpaar sehend – blind und verwandten Wortfeldern (Augen/Brillen), und zweitens erfindet er eine Reihe grotesker Situationen, von denen man zunächst nicht weiß, ob man sie noch ernst nehmen darf oder ob einen der Autor an der Nase herumführen will.

Zunächst ist von Sehenden, Einäugigen und Blinden die Rede, wobei es sich nicht so verhält, wie das biblische Sprichwort sagt, dass ein Blinder einen Blinden führt; hier führt der Blinde die Sehenden, woraus sich zwangsläufig groteske, ja absurde Situationen ergeben: Die Tätigkeit der Augenärzte erfüllt den Tatbestand „staatsgefährdender Umtriebe"; Astronomen lassen sich Glasaugen einsetzen, Eltern bringen ihren Kindern das Schielen bei usw. Alles läuft darauf hinaus, dass kein Mensch mehr klar sehen sollte, falls er überhaupt noch etwas sehen darf. Die Einzigen, denen eine freie Sicht noch nicht verwehrt ist, scheinen die Blindenhunde zu sein; die Menschheit dagegen begnügt sich mit Blindenschrift.
Man wird natürlich einwenden, dergleichen sei doch maßlos übertrieben. Mancher wird Enzensberger vorwerfen, er spiele nur mit Worten, jongliere mit allen Begriffen, die sich auf Sehen oder Blindheit beziehen. Aber man sollte dabei nicht übersehen, dass es um das Thema Politik geht, dass von einem König und von Bürgern die Rede ist, von Polizisten und von Geheimdienstagenten; „leitende Herren" könnte es freilich auch in der Wirtschaft geben, aber in diesem Kontext erscheinen sie eher als Amtsleiter. Enzensberger ist eben kein Dadaist, sondern gilt als politischer Schriftsteller; da wird man nach der politischen Substanz seiner Aussage fragen müssen. Wie nahe kommt seine Karikatur der Wirklichkeit?
Formal ist das, was er schreibt, am ehesten als Allegorie einzustufen, als „bildhafte Einkleidung eines Gedankens, oftmals in Form der Personifikation" (Bantel: *Grundbegriffe der Literatur*). Der Grundgedanke scheint zu sein, dass Politik blind macht, was hier im Gedicht zur Vorstellung übersteigert ist, dass die Blinden Politik machten: Der Blinde ist der König. Und natürlich blickt er „voll Zuversicht in die Zukunft"; er sieht ja nichts. Irritierend bleibt da aber doch die Behauptung zu Beginn, „die Sache der Sehenden" würde (eben dadurch) siegreich sein. Wie reimt sich das zusammen?
Enzensbergers Allegorie deutet an, dass zunächst die Einäugigen, schließlich der Blinde allen Ernstes glauben, die Sache der Sehenden in die Hand nehmen zu müssen. Wer aber sind diese Einäugigen und Blinden? Wer macht in der Politik am ehesten Karriere? Im Allgemeinen die Partei- und Gewerkschaftsfunktionäre, die Apparatschiks, eben die überzeugten Parteigänger, die immer einäugig sind. (Jede Partei ist in diesem Sinn eine Organisation von Einäugigen: von Konservativen oder Liberalen oder Sozialisten oder Kommunisten u. Ä.) Und diese Leute, die grundsätzlich ideologisch einäugig sind, heben am ehesten den auf den Schild, der noch weniger sieht als sie selbst: den Blinden. Je weniger ein solcher sieht, desto überzeugter ist er von sich und seiner Sache. (Hitler ist zweifellos das Musterexemplar eines solchen Blinden.) Also regiert schließlich der Blinde, und das Ende kann immer nur eine Katastrophe sein.
Man gebe sich aber nicht der Illusion hin, die oberen Zehntausend seien allein an allem schuld. Die „anständigen Bürger" spielen ja durchaus mit: Sie „trauen / mit Rücksicht auf die Verhältnisse / ihren Augen nicht", d. h. sie wollen nicht sehen, was sie sehen müssten, und hinterher wissen sie dann gewöhnlich von nichts. Dann lassen sie sich als „Mitläufer" einstufen und machen weiter wie bisher, als Mitläufer des neuen Regimes.

Natürlich hofft die Menschheit immer wieder, die Zwangsläufigkeit dieser Entwicklung durchbrechen und aus dem Gefängnis der Blindheit ausbrechen zu können, aber mit welchem Erfolg? Als das „siècle des lumières", das Jahrhundert der Aufklärung, daranging, die Reste des angeblich finsteren Mittelalters zu beseitigen, hoffte man sicherlich, die Sonne der Vernunft würde nun endlich die Menschheit erleuchten und erwärmen. Aber am Ende stand „la terreur", die Schreckensherrschaft eines Robespierre, und das neue Jahrhundert begann mit der glorreichen Diktatur Napoleons und einer Orgie von Kriegen. (Zugegeben, das steht nicht bei Enzensberger, aber es fällt einem ein, wenn man seine Allegorie in die Geschichte übersetzt.)
Früher galt die Devise: „Politisch Lied! ein garstig Lied!", aber wie man bei Enzensberger sieht, hat politische Lyrik auch ihre Reize. Man darf sie nur nicht in Konkurrenz zur „reinen" Lyrik, zu Eichendorff etwa, betrachten, sondern als Spiegel der politischen Welt. Und wenn sie nun, wie in diesem Fall, auch an einen Zerrspiegel erinnert, verzerrt sie doch ihren Gegenstand nicht so, dass man ihn nicht mehr erkennen könnte, im Gegenteil: Wie eine Karikatur macht dieser Text nur deutlicher, was auch schon in der Wirklichkeit verzerrt genug ist: die Fratze der Politik.

4.4.6 Walter Höllerer: *Gaspard*

Priez pour le pauvre Gaspard! Verlaine

I
Chimère o chimère
Wo Land aufglimmt
In den Blaufeldern fliegen!
Rispen o Licht
In die Quarzaugen sticht
Die Siege besiegen?
Fische erfallen im
Eckigen Strom,
Splitter, Quadrate,
Stürzen Chimären
Herab vom Turm
Durch die Rosenkaskade
Ohnesieg ohnehass ohneleid
Ohne Zeit

Strand Ohneland
Wo der Motor säumt
Karavellenträume
Wo das Pferdchen starr

Den Strom aufbäumt
Ohne Zäume
Strand Ohneland
Wo der Elephant
Die Rotundenuhr geigt
Wo der Vogel Roc
Wo im Macchiensand
Er die Steine zerreibt
Blut in den Nägeln
Zersplittert das Horn
Und die Schatten Chagall
Vergessene Hände – der eine
Schrei im Fall

II
Goliardenbrücke – so sage
Das Du deiner Stadt
Es will dir nicht entgehn
Flügelt laternengefangen
Du sollst dir nichts erflehn
„Gehen blind und den Mantel bauschen"
So sagt es „wär leicht –
so geh
Ich halte Schildwacht für dich
Vor dem was du nicht erreicht –
und seh"
So die Clairons verlohn
O Armadille Méduse
Über die Brücken fort
In die Länder Mohn

III
Einst Brückenspur. Die weißen
Blitze zünden die Haut.
Fregatten fahren.
Über die Geierzeichen
Etruriens und von Hadramaut
Hinziehn mit den Jahren.
Kielspur. Das Pergament
Gibt frei die Fahrt.
Stier und Delphin im Wind –
Fortgang, Gaspard.

Woran denkt jemand, wenn er den Namen Kaspar (frz. Gaspard) hört? Zunächst vielleicht an die Puppe aus dem Kasperletheater, das er als Kind gesehen hat. Woran denkt er, wenn er über einer Tür, mit Kreide geschrieben, die Chiffren C + M + B sieht? An die Heiligen Drei Könige Caspar, Melchior und Balthasar. Walter Höllerer befasst sich in seinem Gedicht *Gaspard* offenbar weniger mit diesen gängigen Vorstellungen, entwirft vielmehr eine ganz eigene Welt.

Höllerers *Gaspard* ist ein Gedicht voller Chimären; da sind Chimären auf Deutsch und Französisch, der Vogel Roc, eine orientalische Chimäre, daneben ein Mädchen oder eine Frau namens Armadille, mit dem Beinamen Méduse. Beim Haupt der Medusa denkt man an jenen schrecklichen Frauenkopf, der von Schlangen umzüngelt ist. Da ist also ein Gedicht voller Schrecken, von Blitzen durchzuckt, ein Gedicht aus Geierzeichen, Zeichen eines Sturzes, eines Falls, man weiß zunächst nicht, wo herunter oder wo hinab.

Lokales ist freilich angedeutet: der Turm, wahrscheinlich der einer gotischen Kathedrale (denn wo sonst gibt es Chimären auf Türmen?), eine Stadt, worin es eine Goliardenbrücke gibt, also wohl Paris. Aber auch Etrurien und Hadramaut sind gegenwärtig und andererseits die Welt der Technik: Motoren, die Karavelle. Wir sind am „Strand Ohneland" (zweimal steht dieser Vers da); was sich hier abspielt, ereignet sich überall und nirgends: im undurchdringlichen, unübersehbaren Dornendickicht einer Macchie, aber wohl nicht einmal der, die man als Vegetationsform des Mittelmeergebiets kennt, als Versteck sizilianischer und sardischer Banditen.

Es ereignet sich etwas „Ohne Zeit", d. h. immer; das Niemals ist hier logisch ausgeschlossen. Es ist ein Vorgang, bei dem es keinen Sieg gibt („Ohnesieg"), also auch keinen Sieger, keinen Hass, also auch keinen Verhassten, nicht einmal Leid. Aber wie ist das möglich?

Kann einer „in den Blaufeldern fliegen"? Ist der Sturz der Chimären denkbar durch eine „Rosenkaskade"? Wer sagt da: „Ich halte Schildwacht für dich"? Wer ist dieser Gaspard, der im Titel genannt wird und im Motto und mit dem letzten Wort des Gedichts?

Zweifellos ist es Kaspar Hauser, denn das Gedicht von Verlaine, dessen letzte Zeile Höllerer als Motto über sein eigenes setzt, ist überschrieben: *Gaspard Hauser chante*. Nur im Anschluss an Verlaine sind die französische Form des Namens Kaspar und die anderen französischen Namen (Armadille Méduse) und Wörter (chimère, clairons) verständlich. Aber Verlaine charakterisiert Kaspar Hauser als „orphelin" (Waise) und legt ihm die Worte in den Mund:

„Qu'est-ce que je fais en ce monde?" (Was tu' ich in dieser Welt?) Für ihn ist er der Ausgestoßene, der Heimatlose (sans patrie), der nichts zu erwarten noch zu erbitten hat als allenfalls ein frommes Gebet.

Ganz so kläglich erscheint Höllerers Gaspard nicht. Er ist zwar auch für ihn „der Urwaise" (wie er in einem Kommentar zu seinem eigenen Gedicht bemerkt hat), aber er ist doch wieder stark genug zu sagen: „Ich halte Schildwacht für dich." Er soll nach des Autors Vorstellung der schwarze König unter den drei Weisen sein, zugleich die eigenwillig gesehene Kasperl-Puppe: „Sie schlug gewissenhaft alles tot, was ihr in den Weg kam" (im selben Kommentar bei: Hans Bender: *Mein Gedicht ist mein Messer*). Jedenfalls ist er aktiver als Verlaines Gaspard. Er ist dabei in der Karavelle, auf der Goliardenbrücke, auf den Fregatten; er hat freie Fahrt; er begleitet einen überall, immer.

Ist es ein Trost? Hilft es? „Fische erfallen im / eckigen Strom". Der Vogel Roc zerreibt Steine, „Blut in den Nägeln / Zersplittert das Horn". „Es (...) flügelt laternengefangen". – Das sind keine tröstlichen Bilder. Sie bedeuten wohl, dass es nicht so leicht ist, die Waise bei sich zu haben, den Ausgestoßenen, sich in ihm selber zu erkennen. Es bedeutet Heimatlosigkeit, Ruhelosigkeit, Umhergetriebensein oder – man kann es negativ oder positiv nehmen – Fortgang. (Es ist das vorletzte Wort des Gedichts, Gaspard eine Apposition dazu.) Gaspard ist Fortgang: das unaufhaltsame Weitergehen, Vergänglichkeit: Flug in die Blaufelder oder Sturz vom Turm.

Wozu schreibt einer über ihn? Die Gestalt Kaspar Hausers scheint die Phantasie von Dichtern zu beflügeln, von Verlaine wie von Höllerer. „Das Pergament / Gibt frei die Fahrt". Wer sich in dieses tragische Schicksal versenkt, sich damit identifiziert, kann schon in Fahrt kommen. Andererseits ist es kaum auszuhalten. Darum wird ein solches Gedicht auch zu einem „Schrei im Fall". Es tönt laut und irr, wie der Schrei eines Verzweifelten.

Die recht ungewöhnliche, man könnte sagen, irreguläre Form zeichnet diese fatale Situation ziemlich genau nach: Es gibt Strophen, aber keine ist wie die andere; es finden sich Reime, aber in ganz unregelmäßiger Folge; die Interpunktion erfolgt meist willkürlich und gewinnt erst in der letzten Strophe eine gewissen Festigkeit. Ähnlich verwirrend ist die Flut der Bilder. Vielleicht ist ein Vergleich mit Bildern von Chagall erlaubt, der jedenfalls im Gedicht genannt wird. Einiges könnte wohl auch von diesem gemalt sein: Chimären über Blaufeldern, ein Pferdchen, der Elefant, der „die Rotundenuhr geigt". Es sind phantastische, märchenhafte Bilder wie die aus chassidischer Mystik entstandenen Werke Chagalls. Vielleicht sind es zu viele für ein Gedicht. Es ist nicht leicht, hindurch zu finden; sie bilden ein Dickicht, eine Macchie fast.

Aber man konnte zu ihrer Rechtfertigung sagen, dass es eben unendlich viele (schöne und schreckliche) Bilder sind, die Gaspard auf seinem endlosen Weg sieht, Bilder, die er alle nicht festhalten kann, die an ihm nur vorübergleiten: Schemen, Träume seiner Sehnsucht, „die Länder Mohn" – das Stichwort könnte für Drogen stehen – hundert oder tausend Länder. Aber in keinem ist er daheim.

Anmerkung:

Es dürfte aufgefallen sein, dass in dieser Interpretation nicht nur auf ein Gedicht von Verlaine, sondern auch auf einen Kommentar des Autors zu seinem eigenen Gedicht Bezug genommen ist. Das setzt natürlich voraus, dass man diese Texte zur Verfügung hat. Bei einem Klassenaufsatz dürfte dies kaum der Fall sein. Man kann sich die ordentliche Bewältigung einer solchen Aufgabe also wohl nur bei einer Hausarbeit vorstellen.

Das Beispiel soll darauf hinweisen, dass die Deutung schwieriger Texte ohne Interpretationshilfen, d. h. ohne sog. Sekundärliteratur, oft kaum möglich ist. Verwendet man solche Literatur, sollte man sich jedoch hüten, sie einfach oder mit Variationen abzuschreiben.

Vorschlag:

Wenn man Sekundärliteratur verwendet, darf man sich zwar Notizen machen, die man u. U. auch verwenden kann, sobald man jedoch zu schreiben anfängt, sollte man alle Bücher beiseite legen und grundsätzlich nicht mehr anschauen; denn eine seriöse Interpretation muss trotz allem, was man gelesen hat, eine eigene Leistung sein.

4.5 Grenzen der textimmanenten Interpretation

Textimmanent ist nur das, was im Text selbst an Information enthalten ist. Eine textimmanente Interpretation im strengen Sinn ignoriert daher alle sonstigen Informationen, die man aus der Biografie des Autors, aus der Literaturgeschichte oder aus dem historischen Umfeld der Textentstehung gewinnen könnte. Sie nimmt den Text als einen geschlossenen Mikrokosmos, den man unabhängig vom übrigen Kosmos als ein vollständiges Ganzes betrachten und bedenken kann.

Diese Methode, die einem Laborexperiment gleicht, hat den Vorteil, dass sie zunächst einmal nichts in ihren Gegenstand hineinträgt, sondern ausschließlich untersucht, was in ihm enthalten ist. Im Idealfall zeigt sich so der Gegenstand, d. h. in diesem Fall der Text, als ein reines, unberührtes Objekt. Aber freilich, wie bei anderen Experimenten auch, ist da immer noch der Betrachter, der allein durch seine Betrachtungsweise, nämlich seine Versuchsanordnung oder Fragestellung, ein subjektives Element hinzufügt, das unvermeidbar ist.

Im Hinblick auf die Praxis der Gedichtinterpretation in Klassenarbeiten oder Klausuren ergibt sich der Vorteil der immanenten Interpretation allein daraus, dass dem Interpreten oft gar keine anderen Informationen zur Verfügung stehen als der jeweilige Text. Der Schüler sollte also mit dieser Methode vertraut sein, um sich auch in Klassenarbeiten an Gedichtinterpretationen wagen zu können. Vor allem, wenn der Lehrer einen Text ohne Nennung des Verfassers vorlegt, ist es unabdingbar, diese Methode anzuwenden, da man ja keinen „Aufhänger" hat, an dem man seine Deutung festmachen könnte.

Aber man muss erkennen, dass die textimmanente Interpretation dort ihre Grenzen hat, wo der Text aus sich selbst nicht mehr erschließbar ist. Es können z. B. mythologische oder historische Andeutungen gemacht sein, die man ohne Kenntnis der entsprechenden Geschichte oder Mythologie nicht versteht. Ja, es gibt sog. hermetische Texte, die so verschlüsselt sind, dass sie sich nur dem erschließen, der den passenden Schlüssel oder Code besitzt. Das gilt für viele moderne Autoren, speziell für die italienischen und spanischen der zwanziger Jahre des 20. Jahrhunderts, aber auch schon für ältere, etwa den von Jorge Guillén und Garcia Lorca hoch geschätzten Luís de Góngora (1561–1627). Wenn Guillén über ihn schreibt: „Für Góngora ist

Dichtung im strengsten Sinn eine Sprache, die wie ein Rätselobjekt konstruiert ist", deutet er an, welche Schwierigkeiten man bei der Interpretation solch anspruchsvoller Lyrik zu überwinden hat. (Es versteht sich wohl von selbst, dass man Anfängern solche Texte nicht zumutet, wie schön und faszinierend sie für den Kenner auch sein mögen.)
Um es nicht bei bloßer Theorie bewenden zu lassen, hier ein kleines Beispiel aus einem Gedicht von **Góngora:**

„Desmentido altamente del brocado,
vínculo de prolijos lenos ata
al Palacio Real con el sagrado
templo …"

wörtlich übersetzt:
„Hoch widerlegt vom Brokat
verbindet Fessel aus großen Hölzern
Das Königliche Schloss mit dem heiligen
Tempel …"

Das ist kaum verständlich. Aber der Autor Pinheiro da Veiga hat von derselben Sache erzählt: „Und für die Taufe begann man nun eine Galerie (…) oder eine Brücke zu bauen, damit man vom Schloss zu der Kirche San Pablo gelangen konnte, die gegenüber liegt (…). Als sie aber mit dem erforderlichen Holz versehen war (…), verkleidete man alles mit sehr kostbaren Tüchern aus Atlas und Gold" (nach Jorge Guillén: *Sprache und Poesie*). Erst jetzt sieht man klar, was Góngora nur angedeutet hat.
Kurz und gut: Es gibt Gedichte, die man so ohne weiteres, d. h. ohne Zusatzinformationen, nicht verstehen kann. Da ist es wichtig zu erkennen, dass es sich so verhält, und, wenn man es erkannt hat, die einzig richtigen Folgerungen daraus zu ziehen: sich entweder die notwendigen Informationen zu verschaffen oder, wo das nicht möglich ist, zu erklären, dass man überfordert ist. (Gescheit sein heißt ja, unterscheiden können, nicht nur zwischen wahr und falsch, sondern auch zwischen dem, was man weiß und was man nicht weiß!)

5. Gedichte in fremden Sprachen
5.1 Allgemeines

Wer Gedichte aus anderen Sprachen oder gar anderen Kulturkreisen interpretiert, muss sich der Schwierigkeiten bewusst sein, die damit verbunden sind. Nach der Erkenntnis, die schon Herder gewonnen hat und die neuerdings durch medizinische Untersuchungen der Gehirnaktivität bestätigt wird, ist die Sprache keine Funktion irgendeines abstrakten Denkens, sondern das Denken die Funktion einer bestimmten Sprache, gewöhnlich der Muttersprache. Wir sprechen nicht, wie wir vielleicht meinen, irgendwelche absoluten Ideen aus, vielmehr denken wir immer in einer bestimmten Sprache (einer natürlichen oder einer künstlichen wie z. B. jener der Mathematik). Einfacher gesagt: Die Sprache bestimmt das Denken, nicht umgekehrt.
Man weiß, dass griechische Philosophie ohne die griechische Sprache so nicht denkbar wäre; dasselbe gilt von der deutschen Philosophie und der neuhochdeutschen Schriftsprache. Wenn nun aber schon die Philosophen nicht über ihre Sprache hinausdenken können, wie viel mehr werden da die Lyriker an ihre Sprache gebunden sein. Keine literarische Gattung lebt so sehr aus der Sprache wie die Lyrik. Wer also ein Gedicht aus einer anderen Sprache zu interpretieren versucht, muss wissen, dass es aus einer anderen Sprachwelt und gewöhnlich auch aus einer anderen Vorstellungswelt stammt. Sind schon italienische oder spanische Gedichte für uns nicht so ohne weiteres verständlich, so gilt dies erst recht für chinesische oder japanische. Da ist also Vorsicht geboten.
Zu alledem kommt nicht selten die Unzuverlässigkeit der Übersetzung. Wer ganz sicher gehen will, dass er nicht falsch versteht, wählt daher zweisprachige Lyrik-Ausgaben, soweit es sie gibt. Aber selbst die helfen ihm natürlich nicht weiter, wenn er die Sprache des Originals nicht versteht. (Eine zweisprachige Ausgabe chinesischer Lyrik mag ja zauberhaft aussehen, aber wem wird sie viel sagen!)
Kurz und gut: Wenn man mit einem Gedicht aus einer anderen Sprache oder gar einem fremden Kulturkreis konfrontiert ist, muss man sich bewusst sein, dass man in eine fremde Welt hineinblickt. Was man davon versteht, ist nicht allein Sache des Einfühlungsvermögens, sondern auch des Wissens, das man über die andere Kultur hat. Und dieses Wissen ist nun einmal (nicht nur bei Schülern!) ziemlich beschränkt. – Wenn man also nicht gerade ein Spezialist ist, wird das Ergebnis einer solchen Interpretation immer vorläufig und ungefähr bleiben, der tastende Versuch, in eine fremde Sprach- und Gedankenwelt einzudringen, zweifellos reizvoll, aber auch mit vielerlei Unwägbarkeiten behaftet. Ein abschließendes Urteil, wie man es bei einem deutschen Gedicht abgeben dürfte, verbietet sich hier also.

5.2 Federico Garcia Lorca: *Lied*

Durch die Zweige des Lorbeers
Gehen zwei dunkle Tauben.
Die eine war die Sonne,
die andere war der Mond.
Ihr Lieben, sagt' ich zu ihnen,
wo ist denn mein Grab?
In meinem Schwanz, sagte die Sonne.
In meiner Kehle, sagte der Mond.
Und ich ging weiter,
bis zum Gürtel in der Erde,
sah zwei marmorne Adler
und ein Mädchen ganz nackt.
Der eine war der andere,
und das Mädchen war niemand.
Liebe Adler, sagt' ich zu ihnen,
wo ist denn mein Grab?
In meinem Schwanz, sagte die Sonne.
In meiner Kehle, sagte der Mond.
In den Zweigen des Kirschbaums
Sah ich zwei nackte Tauben,
die eine war die andere,
und die zwei waren niemand. (Übersetzung von Hugo Friedrich)

Wahrscheinlich wird kein Lehrer von seinen Schülern verlangen, einen solchen Text in einer Klassenarbeit zu interpretieren. Die Aufsätze, die dabei herauskämen, wären voraussichtlich gar nicht sinnvoll zu bewerten. Wenn dieses berühmte Gedicht Lorcas hier dennoch vorgestellt wird, so vor allem, um seine Andersartigkeit und Fremdheit bewusst zu machen. Ist man mit einem solchen Text unvorbereitet konfrontiert, muss man sich zunächst eingestehen, dass man ihn nicht versteht. (Die bekannte Einsicht des Sokrates ist auch hier der Anfang der Erkenntnis.)
Geht man von diesem Eingeständnis aus, stellt sich als nächstes die Frage, *warum* man eigentlich nicht versteht. Die vorläufige Antwort darauf wird sein, dass viele Aussagen Lorcas – nach dem gewöhnlichen Sprachverständnis – unsinnig erscheinen. Man sieht z. B. nicht ein, warum zwei Tauben Sonne und Mond sein sollten, vor allem, da es sich um „dunkle Tauben" handelt. Man versteht auch nicht, wie die beiden Himmelskörper Kehle oder Schwanz haben könnten. Und nackte Tauben kann man sich allenfalls in einer Bratpfanne vorstellen, aber nicht „in den Zweigen des Kirschbaums".
Spätestens an diesem Punkt muss man sich eingestehen, dass dieser Weg völlig in die Irre führt und letztlich Unsinn herauskommt. Die Worte des Textes verschleiern

vielleicht eine Wirklichkeit, die wir zunächst nicht sehen. Vielleicht aber sind sie selbst die Wirklichkeit, um die es geht, sodass nach einer anderen gar nicht gefragt werden darf. – Will man eine so schwierige Frage entscheiden, kommt man nicht ohne Studien aus, genauer gesagt: ohne das Studium entsprechender Sekundärliteratur. Dabei stößt man, wenn man Glück hat, auf eine Rede, die Lorca 1928 auf den spanischen Barockdichter Don Luis de Góngora gehalten hat. Da sagt er:
„Góngora war überzeugt, dass der Wert einer Dichtung wächst in dem Maße ihrer Entfernung vom Normalen der äußeren wie der inneren Welt. Er liebte die reine, nutzlose Schönheit, die erst dann eintritt, wenn ‚mitteilbare Gefühle' ausgeschieden sind. Er hasste die Wirklichkeit, war aber unbeschränkter Herrscher über die lediglich poetisch existierenden Reiche. In seiner geistigen Landschaft gibt es nur die Autonomie der Worte, aus denen er ein der Zeit widerstehendes Gebäude errichtet. Die Natur hat keinen Platz darin."[1]
Der Text Lorcas, offenbar an Góngoras Dichtung geschult, kann also nicht naturalistisch, nicht einmal realistisch verstanden werden. Hier ist keine andere Wirklichkeit als die der Worte. Der Dichter bewegt sich in einer autonomen Sprachwelt, in die ihm der Leser folgen muss, wenn er überhaupt etwas verstehen will. Was Lorca in der erwähnten Rede von seinem Vorbild sagt, darf wohl auch auf ihn selbst angewendet werden:
„Góngoras Schöpfungen sind nicht am Wirklichen zu messen, sondern an sich selbst. Er trug Dinge und Geschehnisse ‚in die Dunkelkammer seines Gehirns, aus der sie verwandelt zurückkommen, um über die Welt hinwegzuspringen'. Die verwandelnde Kraft liegt in der metaphorischen Phantasie. Sie erzeugt irreale Bilder, die den Rang von Mythen haben und die einander fernsten Felder zusammenzwingen. Mit solchen Bildern überstrahlt er den Sachgehalt seiner Bilder so sehr, dass dieser bedeutungslos wird."[2]
So wird man also etwas „metaphorische Phantasie" benötigen, um hier zu verstehen, d. h. man muss Lorcas Aussagen als Metaphern lesen, wobei man sich allerdings von vornherein bewusst sein sollte, dass die metaphorische Bedeutung eines Worts im Spanischen eine andere sein könnte als im Deutschen. Mit aller Vorsicht und Zurückhaltung kann man dabei vielleicht so vorgehen, dass man wichtigen Stichworten, unmittelbar oder mittelbar über ihre Assoziationen, bestimmte metaphorische Bedeutungen zuordnet.

[1] Hugo Friedrich: *Struktur der modernen Lyrik*, S. 148
[2] Ebd.

Stichwort	Assoziation	metaphorische Bedeutung
Lorbeer	Lorbeerkranz	Ruhm
zwei Tauben	Taubenpärchen	Liebe
Sonne und Mond	Tag und Nacht	Zeit, Zeitlichkeit
Erde und Gürtel	halb i. d. Erde versunken	Vergänglichkeit, Todesnähe
marmorne Adler	Herrschaftszeichen	Macht
nacktes Mädchen	–	sinnliche Liebe
Grab	das eigene Grab	Tod
Kirschbaum	Kirschblüte	Frühling

Auf diesem Weg erlangt man immerhin eine ungefähre Vorstellung von der Thematik des Gedichts: Mit „Lorbeer" ist eben nicht irgendein Lorbeerstrauch gemeint, sondern das, wofür der Lorbeerkranz als Symbol gilt: für die Ehrung eines Siegers, sei es im olympischen Wettkampf, sei es im Krieg, was Ehre und Ruhm einbringt. Die „Tauben" sind nicht einfach bestimmte Vögel, sondern stehen, jedenfalls paarweise, für die Liebe. (Eine einzelne Taube könnte auch Frieden symbolisieren, aber das ist hier nicht der Fall.) Die Erde am Gürtel („la tierra a la cintura") deutet auf Fallen, Kriechen, Einsinken, weshalb Hugo Friedrich übersetzt „bis zum Gürtel in der Erde". Schließlich ist die zweimal gestellt Frage nach dem eigenen Grab unmissverständlich: eine Todesahnung.
Innerhalb dieses Bedeutungshorizonts erscheinen Einzelheiten, die schwerer verständlich sind: Schwanz und Kehle von Sonne und Mond, zwei Tauben, die einmal dunkel, einmal nackt sind, Zweige, einmal des Lorbeers, ein andermal des Kirschbaums. Vor allem fällt hier die das ganze Gedicht durchziehende Ambivalenz auf: Tauben können als Sonne oder Mond erscheinen, von den Adlern ist der eine der andere, dasselbe wird dann aber auch von den Tauben gesagt. Den ganzen Text hindurch wird man zwischen dem einen und dem anderen hin- und hergezogen; am Anfang, in der Mitte und am Ende ist dieser Gegensatz angesprochen und durch die Formulierung „der/die eine war der/die andere" wieder aufgehoben.
Liest man das Gedicht (am besten im Original) langsam mit leiser Stimme vor sich hin, gerät man in einen eigenartigen Schwebezustand. Man weiß nicht, soll man sich nun Lorbeer- oder Kirschzweige vorstellen, dunkle oder nackte Tauben, Sonne oder Mond … Alles hängt in der Schwebe und erzeugt den Eindruck langer Ungewissheit. Es handelt sich zwar nicht um ein Stimmungsgedicht der üblichen Art, und doch schaudert einen bei der wiederholten Frage nach dem Grab und noch mehr bei der sich geradezu im Nichts verlierenden Schlusszeile „(…) und die zwei waren niemand".
So viel aber glaubt man doch zu verstehen: Da spricht einer dunkel von Ruhm und Liebe, zugleich aber auch vom Tod. Und diese großen Themen der Lyrik sind verwoben in ein geheimnisvolles Gewebe aus Symbolen und Andeutungen. Sonne und Mond verweisen auf den ewigen Wechsel von Tag und Nacht und den unauf-

haltsamen Gang der Zeit; Kehle und Schwanz könnten für Anfang und Ende stehen, also wiederum Vergänglichkeit bedeuten. Vielleicht erscheinen die Tauben deshalb als dunkel, schließlich nackt, ausgeliefert einem Verhängnis: eins in der Liebe („die eine war die andere") und doch schon aufgelöst, als wären sie nicht („niemand"). Dabei ist es Frühling, der Frühling des Lebens womöglich, aber die Erfahrung der Liebe und der marmorne Glanz des Ruhms sind überschattet von Tod und Grab; der da eben noch geht, ist schon der Erde verfallen.

Man sollte immer vorsichtig sein, wenn man Texte biografisch interpretiert, aber wenn man weiß, dass Lorca, 1898 geboren, 1936 im Spanischen Bürgerkrieg erschossen worden ist, wundert es einen nicht, dass dieses Lied, obwohl schon 1921 entstanden, so voller Todesahnung ist. Die Sehnsucht des jungen Dichters nach Ruhm und Liebe ist offenbar früh von jener Ahnung überschattet. Er war berühmt, sogar der berühmteste einer ganzen Generation spanischer Lyriker, die um die Jahrhundertwende geboren wurde und zu der Pedro Salinas, Jorge Guillén, Gerardo Diego, Luis Cernuda, Rafael Alberti u. a. gehören. Guillén spricht sogar von der „Generation Federico García Lorcas" und schreibt: „Eine Tragödie war ohne Frage die Ermordung Lorcas, der sicher ein genialer Mensch gewesen ist."[3] – Man wird also, bei aller Zurückhaltung, wohl doch einen Zusammenhang zwischen Lorcas Schicksal und seinem „Cancion" (Lied) herstellen dürfen.

Man sollte es aber nicht dabei bewenden lassen, sondern immer im Auge behalten, dass ein solches Lied seine ganz eigene Wirklichkeit hat, dass es eine „Autonomie des Bildes" gibt: „Das Kultivieren des Bildes ist das gemeinsamste unter den sehr verschiedenen Merkmalen, die die spanischen – und nicht allein die spanischen – Dichter der zwanziger Jahre verbinden und trennen"[4]. Die perfekte Beherrschung der (in Spanien traditionellen) Metaphorik ist es, was den besonderen Reiz dieser Lyrik ausmacht. Da ist nichts einfach so hingesagt, so hingeschrieben, da ist jedes Wort wohlbedacht und jedes Bild bewusst entworfen.

Was darüber letztlich zu sagen ist, hat wohl einer der Freunde Lorcas, ebenfalls ein großer Lyriker, nämlich Jorge Guillén, so formuliert: „Dichtung als Kunst der Dichtung: Form einer Inkarnation. Der Geist wird bei einer Vermählung, in der Idee und Musik miteinander verschmelzen, durch etwas, das nicht im Bereiche des Intellekts liegt, zu einer geheimnisvoll inkarnierten Form. – Idee bedeutet hier Zeichen für Realität in einem Zustand des Fühlens. Die Realität wird vorgestellt, aber nicht im Sinn unmittelbarer Ähnlichkeit beschrieben. Realität – nicht Realismus. Und das Gefühl, ohne das keine Dichtung möglich ist, braucht nicht zu gestikulieren. Gefühl – nicht Sentimentalität (...). Deshalb hat man einige dieser Dichter der Kälte bezichtigt, obgleich sie immer nur ihre Begeisterung für die Welt, ihr Hängen am Leben und ihre Liebe zur Liebe verkündeten."[5] – Ich denke, dass gerade Lorcas *Lied* ein wunderbar anschauliches Beispiel für all das abgibt, was Guillén hier über die Dichtung seiner Generation gesagt hat.

[3] Jorge Guillén: *Sprache und Poesie*, S. 205
[4] Ebd., S. 196
[5] Ebd., S. 195

5.3 Mao Tse-tung: *Pei-tai-ho 1954, Sommer*

Groß der Regenfall über Yu-yen,
weiß die Wellen, Gischthimmel,
vor Ch'in-huang-tao draußen schlagen sich Fischerboote.
Alle im weiten Meer ringsum außer Sicht –
Weiß man zu welchem Ufer?

Hinfällig Ding mehr als tausend Jahre,
Wei Wu schwingend die Peitsche.
‚Nach Osten zum Chieh-shih', hat überliefert sein Vers, und
‚einsamer Seufzer Herbstwind' – heute noch gilt's.
Wandel war unter Menschen.

Jawohl, auch der Große Vorsitzende Mao hat, wie viele chinesische Kaiser vor ihm, Gedichte geschrieben. Ein bisschen peinlich war ihm die Sache natürlich schon, weshalb er 1957 an den Herausgeber schrieb: „Bis jetzt wollte ich diese Sachen niemals bekannt machen, weil sie im alten Stil geschrieben sind. Ich war besorgt, dies könnte eine falsche Tendenz fördern und junge Leute schlecht beeinflussen. Außerdem sind sie nicht sehr poetisch, es ist nichts Besonderes daran ..."[6].

Aber, aber, nur keine falsche Bescheidenheit, Genosse Mao! Ich z. B. finde das Gedicht XXIV mit dem Titel *Pei-tai-ho* nicht nur sehr poetisch, sondern geradezu faszinierend. Ich würde es sehr bedauern, wenn es nicht veröffentlicht worden wäre, obwohl ich andererseits gestehen muss, dass ich es als Langnase und westlicher Barbar so auf Anhieb nicht verstehe.

Scherz beiseite: Mit unseren gewöhnlichen europäischen Vorstellungen und Denkgewohnheiten verstehen wir von dem Text lediglich die Naturszenerie: Es ist Sommer, vielleicht schon Spätsommer, Übergang zum Herbst, eine Zeit starker Regenfälle und heftiger Winde. Die See ist aufgewühlt; der Wind reißt die Gischt von den Wellenkämmen. Fischerboote kämpfen mühsam dagegen an. Aber was der Hinweis auf die „mehr als tausend Jahre" bedeutet, ist unklar. Wir wissen nicht, wer Wei Wu ist; wir ahnen nur, dass er es ist, der die überlieferten und hier zitierten Verse geschrieben hat, an die sich der Autor eben jetzt erinnert und von denen er meint, dass sie immer noch gültig seien.

Wenn man den Text mit seinen verschiedenen Andeutungen wirklich verstehen will, benötigt man einen Kommentar. Dort findet man folgende Hinweise:

Pei-tai-ho ist ein Seebad am Golf von Chihli, an der Straße, welche die Große Ebene mit der Mandschurei verbindet. 1954 hat Mao dort an einer Parteikonferenz teilgenommen.

[6] Mao Tse-tung: *37 Gedichte*, Einleitung

Yu-yen bedeutet zweierlei: Yu ist die Stadt, die im 3. Jahrhundert an der Stelle des heutigen Pekings stand, zu der Zeit, als von Yen (der Südmandschurei) her Staat und Dynastie von Wei bedroht waren. Yu-yen steht für den heute üblichen Namen der Provinz Hopei.
Ch'in-huang-tao ist das Land oder die Küste am Golf von Chihli (Tschili).
Wu Wei: Kaiser Wu von Wei (220–280), der Begründer der Dynastie von Wei, ursprünglich ein General namens Ts'ao Ts'ao, außerdem Dichter! (Die Volkstradition hat ihn später zum Typus des bösen Herrschers stilisiert.)
Chieh-shih: ein Vorgebirge, das Ts'ao Ts'ao im Jahre 207 auf einem Feldzug passierte; inzwischen vom Meer verschlungen.[7]
Aus diesen Informationen ergibt sich, dass Maos Gedicht über den geografischen Bezug zu Pei-tai-ho hinaus einen erstaunlich tiefen historischen Hintergrund von 1700 Jahren aufweist. Der große Revolutionär und Staatsmann des 20. Jahrhunderts setzt sich, keineswegs unbegründet, in Beziehung zu einem General und Kaiser des 3. Jahrhunderts: Beide haben als Militärs begonnen und als Politiker eine neue Ordnung begründet; beide sind (nebenbei) auch Dichter gewesen. Und der Jüngere schätzt über die Zeiten hinweg den Älteren offenbar immer noch. Beide haben „Wandel […] unter den Menschen" bewirkt, d. h. politische Veränderungen, ja Umbrüche; aber geblieben ist die Dichtung.
Der Kommentator Joachim Schickel meint: „[…] der Natur wird der Mensch, ihrem Ansturm seine Begrenztheit, ihrer Jahrtausendgleiche sein revolutionierter Tag entgegengesetzt; hat sie Dauer, gegen die anzugehen, hat er Geschichte, die zu wenden ist…"[8]. Aber das scheint mir nicht ganz zutreffend; denn das Vorgebirge Chieh-shih, das einst Wu Wei passiert hat und an das sich Mao Tse-tung erinnert, existiert ja gar nicht mehr! Also ist nicht einmal die Natur über Jahrtausende gleich.
Fazit: Die Welt des Menschen ändert sich, die Natur auch, was allein sich gleich bleibt, ist die Dichtung. Bestätigt wird diese These durch die Tatsache, dass Maos Gedicht ein „tz'u" auf die Melodie „Lang-t'ao-sha" (Wellen spülen den Sand) darstellt, die im 10. Jahrhundert entstanden ist. Mao Tse-tung hat also tatsächlich einen neuen Text auf eine tausend Jahre alte Melodie geschrieben. Das ist chinesische Kulturtradition! (Wie der Große Vorsitzende zehn Jahre nach der Entstehung dieses Gedichts auf den Gedanken verfallen konnte, eine Kulturrevolution zu inszenieren, ist für den fernen westlichen Betrachter desto unverständlicher.)

Anmerkung:

Beide hier vorgestellten Gedichte, das Federico García Lorcas und das Mao Tse-tungs, stellen in diesem Zusammenhang weniger Modelle für eine Gedichtinterpretation dar als vielmehr Beispiele für die schiere Unmöglichkeit, Gedichte aus anderen Sprachen und Kulturen wirklich zu verstehen. Es bedarf umfangreicher wissenschaftlicher Vorarbeiten oder zumindest eines guten Kommentars, um ihnen nur halbwegs gerecht zu werden. Für einen Schulaufsatz eignet sich diese fremde Lyrik so gut wie nie.

[7] Nach Joachim Schickel: *Essay zu Mao Tse-tung: ‚37 Gedichte'.* In: Mao Tse-tung, *37 Gedichte*, S. 121 ff.
[8] Ebd., S. 122

6. Nachwort

Es gibt viele Bücher, in denen Gedichte interpretiert werden, aber in den meisten findet man nur Ergebnisse der Interpretationsarbeit, jedoch kaum Hinweise, wie man zu diesen Ergebnissen gelangt. Sie verleiten den Schüler eher dazu, die Früchte dieser Arbeit einfach zu pflücken, als sich selbst an die Arbeit zu machen. Und so bekommt man dann als Lehrer, vor allem bei Hausarbeiten, nicht selten Texte vorgelegt, bei denen man schon nach wenigen Sätzen erkennt, dass sie (stilistisch wie inhaltlich) unmöglich von dem stammen können, der sie angeblich geschrieben hat.
Das ist der eigentliche Grund, weshalb in diesem Buch so viel Wert darauf gelegt worden ist, Wege zur Interpretation zu weisen, und so wenig, perfekte Interpretationen anzubieten. Das soll nicht heißen, dass der Weg schon das Ziel wäre, aber doch, dass man die Wege kennen sollte, auf denen man ein bestimmtes Ziel erreichen kann.
Mancher wird darum dieses Buch ein wenig unbefriedigt aus der Hand legen, weil es ihm keine Patentrezepte liefert, wie er im Einzelfall vorgehen soll. Besonders ärgerlich wird manchem scheinen, dass er nun doch bei jeder Interpretation die ganze Arbeit wieder selbst leisten muss. Aber das ist nun einmal unvermeidlich. Wenn man nur die Ergebnisse anderer übernimmt, hat man ja letzten Endes selber nichts geleistet und, was schlimmer ist, eigentlich auch nichts verstanden.
Der Zweck dieses sicherlich unvollkommenen Versuchs, Schüler und Studenten zur Gedichtinterpretation hinzuführen, ist nun aber gerade der, dass sie verstehen lernen, genauer gesagt, Verständnis dafür aufbringen, dass ein anderer Mensch anders redet bzw. schreibt und anders denkt als sie und es sich daher lohnt, sich mit diesem Anderssein auseinander zu setzen. Der Zweck dieser Bemühung wäre also, dass einer am Ende nicht nur Gedichte, sondern andere Menschen überhaupt versteht. Und das bedeutet mehr, als man gemeinhin Kommunikation nennt; es bedeutet Weltkenntnis, denn „die Welt" ist für den Menschen immer zuerst die Menschenwelt.
In gewissem Sinne ist es dieselbe Aufgabe, die Kafka in seinen Tagebüchern im Bild des Schachts von Babel beschrieben hat, einem Gegenbild zum bekannten Turm von Babel. Kafka hat gehofft, diesen Schacht bis „zur Verständigung der Menschen untereinander und mit Gott" voranzutreiben. Nun mag das Zweite wohl eher durch Gebete als durch Gedichte erreicht werden, dem Ersten aber hat die Literatur zu allen Zeiten gedient. Dass diese Verständigung zustande kommt, setzt beim Leser allerdings Offenheit voraus: die Bereitschaft, hinzuhören und unvoreingenommen aufzunehmen, was gesagt bzw. geschrieben ist. Diese Offenheit zu fördern, ist nicht der geringste Zweck jener von vielen Schülern so wenig geliebten Übung, Gedichte zu interpretieren.

7. Literatur
7.1 Autoren

1. Hans Arp, zit. n.: *Lyrik des expressionistischen Jahrzehnts. Von den Wegbereitern bis zum Dada.* München: dtv, 1962.

2. Rudolf Blümner, zit. n.: *Lyrik des expressionistischen Jahrzehnts. Von den Wegbereitern bis zum Dada.* München: dtv, 1962.

3. Johannes Bobrowski: *Werke.* Bd. 1 Gedichte. München: Deutsche Verlags-Anstalt, 1998.

4. Clemens Brentano: *Werke*, hg. v. Wolfgang Frühwald. Bd. 1 Gedichte. Romanzen vom Rosenkranz. München: C. Hanser, 1968.

5. Gottfried August Bürger: *Sämtliche Werke*, hg. v. Günter und Hiltrud Häntzschel. München: Hanser, 1987.

6. Günter Eich: *Abgelegene Gehöfte*. Frankfurt: edition suhrkamp, 1968 (nach der Originalausgabe von 1948).

7. Joseph von Eichendorff: *Werke I.* Gedichte, Versepen, Dramen, Autobiografisches (nach den Ausgaben letzter Hand). München: Winkler, 1970.

8. Gerrit Engelke: *Rhythmus des neuen Europa*. Jena: Diedrichs, 1923.

9. Hans Magnus Enzensberger: *Gedichte 1955–1970*. Frankfurt: Suhrkamp, 1971.

10. Johann Wolfgang Goethe: *Goethes Werke*. Hamburger Ausgabe in 14 Bänden. Bd. 1. 5. Aufl. Hamburg: Wegner, 1960.

11. Luís de Góngora, zit. n.: Jorge Guillén: *Sprache und Poesie*. München: C. Hanser, 1965.

12. Andreas Gryphius, zit. n.: *Epochen der deutschen Lyrik*, hg. v. Walther Killy. Bd. 4 1600–1700. München: dtv Wissenschaftliche Reihe, 1969.

13. Georg Heym, zit. n.: *Lyrik des expressionistischen Jahrzehnts. Von den Wegbereitern bis zum Dada.* München: dtv, 1962.

14. Friedrich Hölderlin: *Dichtungen und Briefe*, hg. v. Hannsludwig Geiger. München: Winkler, 1952.

15. Peter Huchel, zit. n.: *Deutsche Lyrik. Gedichte seit 1945*, hg. v. Horst Bingel. München: dtv, 1963.

16. Marie Luise Kaschnitz, zit. n.: Hugo Friedrich: *Die Struktur der modernen Lyrik.* 22. Aufl. Hamburg: Rowohlt, 1996.

17. Karl Krolow: *Gesammelte Gedichte (1944–1964).* Frankfurt a. M.: Suhrkamp, 1965.

18. Der von Kürenberg, zit. n.: *Des Minnesangs Frühling*, neu bearb. v. Carl von Kraus. 32. Aufl. Stuttgart: Hirzel, 1959.

19. Heinrich Lersch: *Mensch im Eisen*. Stuttgart, Berlin u. Leipzig: Deutsche Verlagsanstalt, 1925.

20. Friedrich von Logau: *Reimensprüche und andere Werke in Einzeldrucken*, hg. v. Ulrich Seelbach. Tübingen: Niemeyer, 1992.

21. Federico Garcia Lorca, zit. n.: Hugo Friedrich: *Die Struktur der modernen Lyrik.* Hamburg: Rowohlt, 1996.

22. Martin Luther: *Luthers Geistliche Lieder und Kirchengesänge*. Vollst. Neuedition in Ergänzung zu Bd. 35 der Weimarer Ausgabe. Köln: Böhlau, 1985.

23. Mao Tse-tung: *37 Gedichte*. Übersetzt und mit einem politisch-literarischen Essay erläutert von Joachim Schickel. München: dtv, 1967.

24. Conrad Ferdinand Meyer: *Sämtliche Werke*. Besorgt von Hans Zeller. Bd. 1: Gedichte. München: Artemis und Winkler, 1963.

25. Eduard Mörike: *Sämtliche Werke*. München: C. Hanser, 1954.

26. Novalis: *Die Werke Friedrichs von Hardenberg*. Hist.-krit. Ausgabe in 4 Bänden, hg. v. Richard Samuel. Bd. 1. Stuttgart, Berlin, Köln: Kohlhammer, 1960.

27. Rainer Maria Rilke: *Werke in drei Bänden*. Einleitung von Beda Allemann. Frankfurt a. M.: Insel. Bd. 1, 1955.

28. Kurt Schwitters, zit. n.: *Lyrik des expressionistischen Jahrzehnts. Von den Wegbereitern bis zum Dada.* München: dtv, 1962.

29. Paul Zech: *Die eiserne Brücke.* Leipzig: Verlag der Weißen Bücher, 1912.

7.2 Sammlungen

1. *Epochen der deutschen Lyrik*. Hg. v. Walther Killy. 10 Bände. München: dtv, 1969.

2. *Expeditionen. Deutsche Lyrik seit 1945.* Hg. v. Wolfgang Weyrauch. München: Paul List Verlag, 1959.

3. *Lyrik des expressionistischen Jahrzehnts. Von den Wegbereitern bis zum Dada.* Einleitung von Gottfried Benn. München: dtv, 1962.

4. *Deutsche Lyrik. Gedichte seit 1945*. Hg. v. Horst Bingel. München: dtv, 1963.

5. *Menschheitsdämmerung. Ein Dokument des Expressionismus*. Hg. v. Kurt Pinthus. 31. Aufl. Hamburg: Rowohlt, 2001.

6. *Des Minnesangs Frühling.* Nach Karl Lachmann, Moritz Haupt und Friedrich Vogt, neu bearb. v. Carl von Kraus. 32. Aufl. Stuttgart: Hirzel, 1959.

7. *Das bleibt. Deutsche Gedichte 1945–1995.* Hg. Jörg Drews. Leipzig: Reclam, 1995.

7.3 Weiterführende Literatur

1. Hugo Friedrich: *Die Struktur der modernen Lyrik. Von der Mitte des neunzehnten bis zur Mitte des zwanzigsten Jahrhunderts.* Hamburg 1956. Neuausgabe rowohlts enzyklopädie Hamburg: Rowohlt, 1996.

2. *Mein Gedicht ist mein Messer. Lyriker zu ihren Gedichten*. Hg. v. Hans Bender. München: Paul List Verlag, 1961.

3. Jorge Guillén: *Sprache und Poesie. Einige Beispiele aus Spanien*. München: C. Hanser, 1965.

4. Walter Höllerer: *Theorie der modernen Lyrik. Dokumente zur Poetik I.* Hamburg: Rowohlt, 1965.

5. Karl Krolow: *Ein Gedicht entsteht. Selbstdeutungen, Interpretationen, Aufsätze.* Frankfurt a. M.: Suhrkamp, 1973.

6. Ezra Pound: *ABC des Lesens.* Frankfurt a. M.: Bibliothek Suhrkamp 40, 1967 (Originalausgabe: *ABC of Reading*. New York 1934).

7. *Zur Lyrikdiskussion.* Hg. von Reinhold Grimm. Darmstadt: Wiss. Buchges., 1987.

7.4 Nachschlagewerke

1. Herbert A. und Elisabeth Frenzel: *Daten deutscher Dichtung*. München: dtv, 29. Aufl. 1995.

2. Heinrich Lausberg: *Elemente literarischer Rhetorik. Eine Einführung für Studierende der klassischen, romanischen, englischen und deutschen Philologie.* München: Hueber, 3. Aufl. 1967.

3. Ivo Braak: *Poetik in Stichworten. Literaturwissenschaftliche Grundbegriffe*. Kiel: Hirt, 6. Aufl. 1980.

4. *Grundwissen. Deutsche Literatur*, bearb. v. Karl Kunze und Heinz Oberländer. Stuttgart: Ernst Klett, 2001.

5. Otto Bantel: *Grundbegriffe der Literatur*. Berlin: Cornelsen, 16. Aufl. 2001.

6. Gero von Wilpert: *Deutsches Dichterlexikon*. Stuttgart: Alfred Kröner, 3. erw. Aufl. 1988.

7. Gero von Wilpert: *Sachwörterbuch der Literatur.* Stuttgart: Kröner, 8. erw. Aufl. 2001.

8. Emil Steiger: *Grundbegriffe der Poetik.* Zürich u. a.: Atlantis, 1966.